[1001 photos] repeated in a grid pattern across the page

Le rugby
[1001]
[photos]

Conçu et réalisé par Copyright
pour les Éditions Solar

Rédaction : Matthieu Le Chevallier

Création graphique : Gwénaël Le Cossec

Coordination éditoriale
et mise en pages : Zarko Telebak

Réalisation photogravure : Frédéric Bar

Lecture-correction : Dominique Trépeau

© 2007, Éditions Solar,
un département de

place
des
éditeurs

ISBN : 978-2-263-04395-6
Code éditeur : S04395/03
Dépôt légal : mai 2007
Imprimé en Espagne
Suite du premier tirage

Le rugby
[1001]
photos

Sommaire

L'étranger p. 292

Décalages p. 418

Histoire
et spécificités

La France a intégré le Tournoi des Cinq Nations en 1910 en essuyant quatre défaites, comme ici face à l'Irlande au Parc des Princes (3-8).

Collège de Rugby, petite ville anglaise située au sud de Leicester, 1823. William Webb Ellis, boursier de 15 ans décidé à devenir pasteur, se saisit du ballon avec les mains alors qu'il dispute une partie de football. L'adolescent traverse tout le terrain et dépose l'objet du désir derrière la ligne de but adverse.

Les poètes racontent que Webb Ellis serrait si fort la balle contre son cœur qu'elle serait devenu ovale... Bref, le rugby était né. Certains historiens situent pourtant les origines de ce sport au Moyen Âge. Dans le nord et l'est de la France, de même qu'en Angleterre, se pratique alors un jeu aussi populaire que violent : la soule. Le principe était simple : les habitants de deux villages devaient rapporter dans leurs murs une vessie de porc ou de bœuf (la soule). Tous les coups étaient permis.

Les principales règles sont adoptées à la fin du XIXe siècle. Le premier match international oppose l'Angleterre à l'Écosse en 1871. Six ans plus tard, le nombre de joueurs par équipe passe de vingt à quinze, et le ballon, d'abord rond, devient ovale pour mieux épouser la forme du buste pendant la course.

Le rugby arrive en France en 1872, au Havre Athletic Club, avant de s'ancrer à Paris puis sur les bords de la Garonne. En 1910, les Français rejoignent Anglais, Gallois, Irlandais et Écossais dans leur championnat annuel. Le tournoi des Quatre Nations devient celui des Cinq Nations.

La pratique du rugby, généralisée dans les colonies anglo-saxonnes, tarde à s'universaliser, et la première Coupe du monde n'a

Un peu d'histoire

lieu qu'en 1987. Huit ans plus tard, le 21 août 1995, le rugby devient professionnel. Cette décision rapproche les fédérations du monde entier et favorise l'émergence de nouveaux tournois internationaux.

[1], [2] et [3] Ancêtre du rugby, la soule a longtemps été pratiquée en Bretagne et en Normandie. Tous les coups étaient permis pour faire avancer la balle.

[1] Portant le ballon à la main lors d'une partie de football dans la ville de Rugby en 1823, William Webb Ellis a créé un nouveau sport qui s'est rapidement développé outre-Manche au XIXᵉ siècle.
[2] L'équipe d'Angleterre pose au complet en 1964.
[3] En 1871, l'Écosse a battu l'Angleterre lors du premier match international (4-1).

[1] En 1893, Frantz Reichel (avec le ballon) fut capitaine de la première sélection tricolore.
[2] et [3] Les Bleus s'inclinèrent en 1906 face à la Nouvelle-Zélande pour leur premier match officiel.

[1], [2] et [3] La grande histoire du XV de France débuta vraiment en 1910, avec une courte défaite à domicile face à l'Angleterre (3-11) pour le premier Tournoi des Cinq Nations des Tricolores.

13

CHAMPIONNAT DE FRANCE — FOOTBALL RUGBY

1912 1930

Honneur à la Cité des — Gloire à Toulouse la

"ZEZETTE" LA VIERGE ROUGE

Seriez-vous de Paris, Lyon ou bien Bayonne
Faut toujours s'incliner au bord de la Garonne.

[1], [2] et [3] Né en 1892, le Championnat de France n'a d'abord concerné que les équipes parisiennes. [Page de droite] C'est Bordeaux qui fut la première équipe de province titrée, après sa victoire finale sur Toulouse en 1909.

L'Anglais Martin Johnson, vainqueur en 2003, fut le premier capitaine européen à soulever le trophée.

C'est « le » rendez-vous du rugby. Celui qui réunit tous les quatre ans les seize meilleures nations, consacre l'excellence et offre à ce sport une exposition exceptionnelle (les télévisions de 205 pays ont retransmis la finale de 2003).

Avant la première édition, en 1987, pour une organisation commune entre la Nouvelle-Zélande et l'Australie, l'idée de Coupe du monde s'est longtemps heurtée aux réticences des Britanniques, effrayés par le spectre du professionnalisme. L'avenir leur donna raison, mais sans doute l'Ovalie devait-elle en passer par là pour continuer d'exister dans l'ombre du football, son lointain cousin. Mélange de cultures et de jeux, la Coupe du monde rapproche les continents, promet des joutes légendaires entre les ténors de l'hémisphère Sud et leurs rivaux européens, mais permet aussi à l'exotisme de nations telles les îles Fidji ou la Namibie de vivre quelques heures d'éternité.

Chaque détenteur du trophée William Webb Ellis, du nom de l'inventeur du rugby, a connu son lot d'émotions. En 1987, le Néo-Zélandais David Kirk devient le premier capitaine à soulever l'objet tant convoité, qui plus est sur ses terres. Quatre ans plus tard, l'Australie s'impose également à domicile, après avoir évité de justesse l'élimination en quart de finale contre l'Irlande grâce à un exploit de David Campese à la dernière seconde. Le second sacre des Wallabies, en 1999, ne souffrira pour sa part d'aucune contestation. En 1995, année de son retour à la compétition après quatorze années d'exclusion pour cause

La quête du Graal

d'apartheid, l'Afrique du Sud organise l'épreuve et remporte une victoire d'une grande force symbolique. Champions du monde 2003, les Anglais sont les premiers représentants de l'hémisphère Nord à s'imposer. Finalistes malheureux en 1987 et 1999, hôtes du Mondial 2007, les rugbymen français toucheront-ils le ciel à leur tour ?

[1], [2] et [3] La demi-finale Australie-France de 1987 fut un récital de rugby spectacle. Jean Condom, Laurent Rodriguez et Pierre Berbizier ont bien mérité leur place en finale.

[1], [2], [3] et [4] Trop forts pour les Français en finale, les Néo-Zélandais du capitaine David Kirk et du redoutable buteur Grant Fox ont régné sur la première édition du Mondial.

[1], [2] et [3] Le centre Jason Little et le demi de mêlée Nick Farr Jones furent les grands artisans de la victoire de l'Australie en 1991, contre la Nouvelle-Zélande en demi-finale puis contre l'Angleterre en finale.

[1], [2] et [3] L'ouvreur
Michael Lynagh, le centre
Tim Horan et l'ailier
David Campese, meilleur
marqueur de l'édition 1991,
complètent le quintette
magique australien.

[1], [2] et [3] En 1995, la victoire à domicile de l'Afrique du Sud, qui sortit la France en demi-finale, fut l'occasion de réconcilier tout un peuple. Nelson Mandela en fut le témoin priviliégié.

[1], [2] et [3] Pour terrasser en finale les All Black du puissant Jonah Lomu, les Boks Joel Stransky, Kobus Wiese et Ruben Kruger ont dû conjuguer malice et cohésion.

[1], [2] et [3] L'adresse du demi de mêlée Joost Van der Weesthuizen et l'intégration de Chester Williams, premier joueur de couleur dans l'équipe d'Afrique du Sud, ont contribué au sacre des Boks.

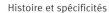

[Page de gauche] et [1 à 4] Loin d'être impressionnés par les favoris Néo-Zélandais Norman Maxwell et Tana Umaga, Abdelatif Benazzi, Olivier Magne et Christophe Lamaison ont hissé l'équipe de France en finale de l'édition 1999.

4:41 New Zealand 31 France 43

27

[1 à 4] et [page de droite]
Hermétiques en défense,
imprévisibles en attaque,
les Australiens du capitaine
John Eales terrassent l'équipe
de France lors de la finale 1999
et s'offrent un second sacre.

[1], [2] et [3] En Australie, en 2003, les Anglais Martin Johnson et Neil Back étaient trop forts en demi-finale pour les Français, applaudis par les vainqueurs en rentrant au vestiaire.

[1], [2], [3] et [4] Portés par leur public, George Gregan, Lote Tuquri et Stephen Larkham ont fait plier les Néo-Zélandais pour s'offrir une troisième finale en 2003.

[1], [2] et [4] La finale 2003 fut un âpre combat entre les Anglais et les Australiens.
[3] Auteur d'un essai avant la pause, Jason Robinson donna un avantage décisif au XV de la Rose.

33

[1], [2], [3] et [double page suivante] Meilleur marqueur de l'édition 2003, l'ouvreur Jonny Wilkinson a été le grand artisan de la victoire des Anglais, avec trois pénalités réussies en finale (14-8). À lui seul, il inscrit plus de points que les Australiens, qui passent à côté d'un troisième titre international.

[1] En 2003, les Irlandais ont étrillé la Namibie 64-7.
[2], [3] et [4] À l'image des Irlandais, dans l'ombre des plus grandes nations du rugby, Gallois, Écossais et Italiens tentent de se faire une place.

[1] Jaillissement de l'Argentin Augustin Pichot.
[2] et [3] Danse des Fidjiens, prière commune entre Samoans et Sud-Africains : la Coupe du monde est le lieu de nombreux rituels venus de tous les continents.

[1], [2], [3] et [page de droite] Méconnues du grand public, les sélections canadienne, roumaine, américaine et japonaise ont pour ambition d'accéder un jour aux quarts de finale. Les Géorgiens, atomisés 84-6 par l'Angleterre en 2003, ont déjà atteint leur objectif en participant.

L'Angleterre est largement en tête du palmarès du Tournoi, suivie par le pays de Galles et la France.

Officiellement Coupe d'Europe des Nations depuis 1996, le Tournoi des Six Nations est une compétition à part, longtemps considérée comme la plus prestigieuse, jusqu'à la création de la Coupe du monde en 1987.

Riche de ses traditions et d'une histoire chahutée, cette épreuve annuelle oppose chaque printemps l'Angleterre, le pays de Galles, l'Irlande, l'Écosse, la France et l'Italie, cooptée en 2000. Lancée en 1884 par les quatre pays anglo-saxons, elle s'est élargie en 1910 avec l'intégration de la France, accusée d'amateurisme marron – ou professionnalisme déguisé – et exclue de 1931 à 1947. Plus tard, en 1972, les affrontements entre catholiques et protestants en Irlande empêchent le pays de Galles et l'Écosse de se rendre à Dublin. L'équipe qui remporte tous ses matches réalise le Grand Chelem. Au contraire, celle battue à chacune de ses rencontres est vulgairement appelée « la cuillère de bois ».

À l'échelle de l'histoire du Tournoi, les Anglais exercent une domination impressionnante. Les autres pays ont dû attendre l'éclosion de générations d'exception pour s'illustrer, comme celle des Gallois de 1970, menés au combat par les éternels Gareth Edwards et J.P.R. Williams.

Depuis 1996, le nombre de points inscrits sur l'ensemble de la compétition permet de départager les formations à égalité de victoires pour éviter les vainqueurs multiples, comme en 1973, où les cinq nations ont fini au même rang. D'un participant à l'autre, les motivations pour l'emporter sont diverses, et un match précis est par-

Traditions et règlements de comptes

fois tout aussi important qu'une victoire au classement final. La rivalité historique entre la France et l'Angleterre confère un caractère particulier aux rencontres entre les deux meilleurs pays du Vieux Continent. Combien de Tricolores battus par leur plus vieil ennemi ont enragé en s'entendant dire « Good game » une fois la partie terminée ?

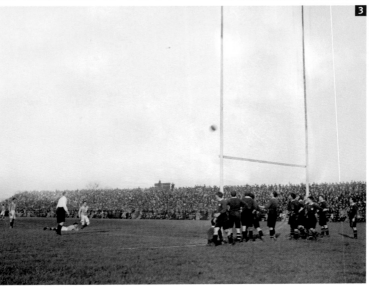

3 [1] et [2] L'équipe de France arrache sa première victoire dans le Tournoi contre l'Écosse en 1911. [3], [4], [5] et [6] Dans l'immédiat après-Première Guerre mondiale, les Bleus sont régulièrement dominés par les Gallois, les Écossais et les Anglais.

[1], [2] et [3] Suspectée de professionnalisme mais bien en peine pour rivaliser, la France est exclue du Tournoi en 1931. [Page de droite] Elle signe son retour en 1947 par une victoire sur l'Écosse, avec dans ses rangs Léon Varnier et Alban Moga.

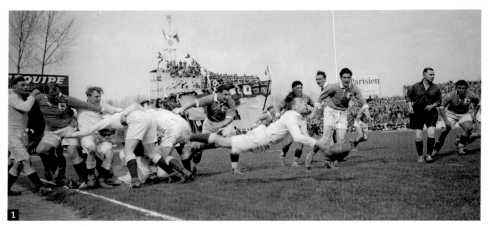

[1], [2] et [3] Tombeuse de l'Angleterre et du pays de Galles en 1948, l'équipe de France de Pierre Lauga et de Michel Romathios rechute à Cardiff en 1950.

[1], [2] et [3] Victorieuse de l'Écosse en 1953, l'équipe du coq est félicitée par le président René Coty pour sa première victoire dans le tournoi, en 1954, après un succès sur l'Angleterre.
[4] Battus sur le fil par le pays de Galles l'année suivante, Jean Prat et sa troupe laissent filer un premier Grand Chelem.

[1], [2], [3] et [page de droite)] L'année 1959 est historique. La France remporte son premier Tournoi sans égalité de points avec l'un de ses rivaux. Capitaine courage ballon en main, Lucien Mias a montré la voie à suivre et méritait bien d'être porté en triomphe.

[1] Au garde-à-vous lors des hymnes avant leur victoire en Écosse en 1960, les Bleus, emmenés par Michel Crauste, ont dominé leur époque.
[2] et [3] François Moncla, ici face à l'Irlande en 1960, et Jacques Bouquet, contre l'Écosse en 1961, ont activement participé à cette épopée.

53

[Page de gauche] Auteur de trois drops contre l'Irlande en 1960, Pierre Albaladejo est surnommé « Monsieur Drop » et remporte le Tournoi 1962. [1] et [2] Le rugby français, à l'image d'André Boniface, est spectaculaire, mais ce sont les Gallois de Brian Price qui s'adjugent les éditions 1965 et 1966.

[1], [2] et [page de droite] Passés près de l'exploit en 1967, Jean Gachassin et Lilian Camberabero participent l'année suivante au premier Grand Chelem de l'équipe de France sous la houlette du capitaine Christian Carrère, porté en triomphe par Walter Spanghero et Élie Cester.

[1] et [2] Une domination du pays de Galles s'exerce de 1969 à 1979 (huit victoires, dont trois Grands Chelems). Avec Barry John à l'ouverture et Gareth Edwards à la mêlée, le XV du poireau possédait une charnière exceptionnelle.

[1], [2] et [3] Le Grand Chelem gallois de 1976 est le plus accompli. L'ailier Gerald Davies, le trois-quarts centre Steve Fenwick et l'insaisissable arrière J.P.R. Williams se sont montrés aussi gaillards au combat qu'agiles ballon en main.

[1] L'année 1974
est celle de l'Irlande,
grâce notamment
au trois-quarts Mike
Gibson, recordman
des sélections en
Tournois (56 matches).
[2] et [3] Lors de ce
Tournoi 1974, l'Irlande
du troisième ligne
aile Fergus Slattery
ne s'est inclinée
que face aux Français
de Jérôme Gallion.

61

[1], [2] et [page de droite] En 1977, les Bleus de Jean-Pierre Rives et de Jean-Claude Skrela s'offrent leur deuxième Grand Chelem. À noter que le XV de départ fut le même lors des quatre matches.

[1], [2] et [3] Troisième Grand Chelem pour les Bleus en 1981, sous le capitanat de Jean-Pierre Rives et grâce à la puissance hors du commun de Daniel Revallier.

[1], [2] et [3] À défaut de victoire finale,
Didier Codorniou (contre l'Irlande en 1984),
Dominique Erbani (face à l'Angleterre
en 1984) ou Serge Blanco (Angleterre,
1985) réalisent de grands matches.

[1], [2], [3] et [4] Bien que battus par les Anglais de Will Carling, Gilles Bourguignon, Pierre Berbizier, Philippe Dintrans et Laurent Rodriguez s'adjugent tout de même l'édition 1989.

[1] et [3] En 1990, Craig Chalmers et Iwan Tukalo ont offert le Tournoi à l'Écosse.
[2] et [4] L'année suivante, les Anglais Dean Richards et Richard Hill reprennent la main.

67

[1] et [2] Vainqueurs du pays de Galles, Abdelatif Benazzi et Olivier Roumat laissent filer le Grand Chelem 1993 à cause d'une défaite d'un petit point en Angleterre.

[1], [2] et [3] Le large succès à Dublin contre l'Irlande, avec les charges rageuses de Marc Cécillon et deux essais signés Philippe Sella et Philippe Saint-André, est le meilleur souvenir tricolore de la campagne 1993.

[Page de gauche] Le puissant Scott Quinell permet aux Gallois de partager la victoire finale de 1994 avec l'Angleterre. [1], [2] et [3] Le XV de la Rose remporte le Grand Chelem 1995, avec, dans ses rangs, Jeremy Guscott, Will Carling et Kyran Bracken. L'Angleterre s'imposera à nouveau l'année suivante.

[Page de gauche] Abdelatif Benazzi, applaudi par son président Bernard Lapasset, est, en 1997, le quatrième capitaine français célébré pour un Grand Chelem. [1], [2] et [3] Les Bleus remettent ça l'année suivante, notamment grâce aux essais de Philippe Bernat-Salles en Écosse et de Jean-Luc Sadourny au pays de Galles.

[1], [2] et [3] Le demi de mêlée Gary Armstrong assure sa passe et offre en 1999 la victoire à l'Écosse, trop forte pour les Français Émile Ntamack et Franck Tournaire.

[1] et [2] En cette année 1999, les Anglais Lawrence Dallaglio et Matt Dawson ont fait souffrir les Bleus à Twickenham.

[1 à 4] et [page de droite] Premier Grand Chelem pour les Bleus de Fabien Galthié, avec la révélation Imanol Harinordoquy et la confirmation Fabien Pelous. [Double page suivante] L'équipe de France, conduite par Pelous, rééditera le même exploit en 2004.

[1], [2], [3] et [4] Les Grands Chelems se succèdent, mais les lauréats changent. Avant d'être sacrée championne du monde, l'Angleterre de Robinson, Gomarsall, Wilkinson et Dallaglio s'offre le Tournoi 2003.

[1], [2] et [3] En 2005, opportunistes mais combatifs, Stephen Jones, Kevin Morgan et Tom Shanklin ont offert au pays de Galles son premier Grand Chelem depuis dix-sept ans au terme d'une victoire sur l'Irlande.
[4] Gareth Thomas, Michael Owen et les Gallois pouvaient laisser éclater leur joie.

[1 à 6] En 2006, Christophe Dominici (ici face à l'Italie), Jean-Baptiste Elissalde (contre l'Écosse, à l'occasion de l'unique défaite des Bleus), Frédéric Michalak (face aux Anglais), Yannick Nyanga (contre l'Irlande) et Damien Traille (qui échappe aux joueurs du XV de la Rose) ont permis à l'équipe de France de lever le trophée après une quatrième victoire, acquise contre le pays de Galles.

Thomas Castaignède vient de marquer un essai en déposant le ballon dans l'en-but adverse, but ultime des rugbymen.

A scenseur, bouchon, chistera, cuillère, drop, rucking, chandelle… Difficile de suivre un match de rugby ou une conversation entre spécialistes si l'on n'est pas soi-même initié au jargon propre au monde du ballon ovale.

Avant tout, quelques points essentiels du règlement de ce sport, qui se pratique sur un terrain de 100 mètres sur 70. Le but est d'inscrire plus de points que l'adversaire sur l'ensemble des deux mi-temps, longues de quarante minutes chacune. Marquer un essai en aplatissant le ballon dans l'en-but adverse rapporte 5 points. Transformer cet essai en envoyant le ballon au pied entre les poteaux et au-dessus de la barre transversale en rapporte 2 de plus. Une faute peut être sanctionnée d'une pénalité et offrir la possibilité à l'équipe adverse de tenter un coup de pied placé, qui donne 3 points si la balle passe entre les barres. Un drop, ou coup de pied tombé, rapporte également 3 points si son auteur fait mouche.

Un joueur peut courir avec le ballon en main mais il n'a pas le droit de faire une passe à un de ses coéquipiers dans la direction de l'en-but adverse, sans quoi il commet un en-avant, faute sanctionnée par une mêlée avec introduction à l'adversaire.

En revanche, un ballon frappé au pied peut aller dans n'importe quelle direction. Un joueur mis au sol doit en outre impérativement lâcher le ballon – sauf s'il est dans l'en-but pour aplatir –, sous peine d'être sanctionné par une pénalité.

Du jeu et des mots

Une faute volontaire d'antijeu peut provoquer un carton jaune, soit une exclusion temporaire pour une durée de dix minutes. L'arbitre a également le pouvoir d'accorder un essai dit « de pénalité » quand une faute volontaire de l'adversaire a empêché la réalisation d'un essai.

1

3

[1], [2], [3] et [4] Lorsqu'ils arrivent lancés, souvent poursuivis par les défenseurs adverses, ou lorsqu'ils souhaitent régaler le public, les rugbymen n'hésitent pas à plonger pour marquer un essai.

4

[1], [2], [3] et [4] Pour que l'essai soit validé, le ballon doit atteindre ou franchir la ligne de but adverse et être posé à terre de haut en bas. Marquer un essai entre les poteaux permet de taper la transformation face à ces derniers, ce qui augmente les chances de réussite.

87

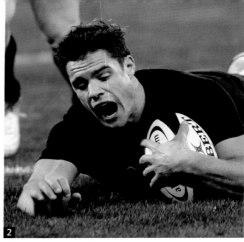

[1], [2], [3] et [page de droite] À l'instar de la joie manifestée par les footballeurs lorsqu'ils marquent un but, les rugbymen peuvent être très démonstratifs lorsqu'ils parviennent à l'essai, comme l'exprime d'un poing rageur l'Irlandais Marcus Horan.

[1], [2] et [3] Taper une transformation ou une pénalité requiert une grande précision. Certains utilisent un tee pour stabiliser le ballon. Lorsque le vent souffle trop, ils peuvent demander l'aide d'un équipier.

[1], [2], [3] et [4] Le jeu au pied permet de progresser de plusieurs façons. Dans l'action, on peut tenter un drop en tapant le ballon entre les barres. Autres possibilités, le coup de pied de placement ou le dégagement.

[1], [2], [3] et [4] Les prises de balle aérienne
sont souvent l'occasion de luttes acharnées.
Effectuer un arrêt de volée sur ou derrière
sa ligne des 22 mètres en criant « Marque »
permet d'obtenir un coup de pied à cet endroit.

[1], [2], [3] et [4] Lorsque le ballon sort en touche, il est remis en jeu à la main. Les deux équipes doivent s'aligner à 5 mètres de la ligne de touche en respectant un espacement d'au moins un mètre. Pour se saisir du ballon, les joueurs ont le droit d'être portés selon la technique de l'ascenseur.

[1], [2] et [3] Les mêlées sont l'occasion pour les huit avants d'une équipe d'exprimer leur puissance. [Double page suivante] Lorsqu'un joueur debout portant le ballon est lié à un ou plusieurs de ses équipiers pour permettre au groupe de progresser vers l'en-but, on parle de maul ou groupé pénétrant.

[1], [2] et [3] Pour adresser le plus rapidement possible à ses lignes arrière le ballon à la sortie d'un regroupement, le demi de mêlée n'hésite pas à jaillir, tout en effectuant une passe vrillée.

[1 à 5] Un joueur mis au sol n'a pas le droit de garder le ballon, sous peine d'être sanctionné d'une pénalité. Pour ne pas être hors jeu, les autres joueurs doivent rester derrière la ligne fictive dessinée par le dernier pied du joueur engagé dans le regroupement, dans un camp comme dans l'autre.

[1], [2] et [3] Réussie seulement par les artistes, la chistera est une passe effectuée dans le dos, en jetant le bras vers l'arrière. Le terme est emprunté à une variante de la pelote basque, dont la balle est lancée par un geste similaire.

[1 à 5] Pour stopper un adversaire, un joueur peut effectuer un plaquage, en amenant son vis-à-vis au sol à l'aide des bras. Prendre à la gorge, technique appelée « cravate », est interdit.

102

[6] et [7] Lorsqu'un joueur est trop loin du porteur du ballon pour le plaquer, il peut tenter de le déséquilibrer en l'attrapant par un pied, selon la technique dite de la « cuillère ».

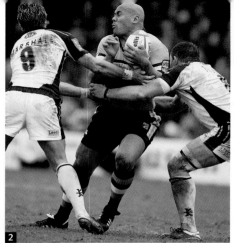

[1], [2], [3] et [page de droite] La violence des percussions, souvent frontales, génère de nombreux traumatismes. Pour amortir les impacts, les joueurs portent depuis quelques années de nombreuses protections sous leur maillot.

[1], [2] et [3] Pour tenter de marquer un essai ou de laisser le champ libre à un équipier venu en soutien, un joueur peut effectuer un cadrage-débordement. L'action consiste à fixer un adversaire en courant vers lui puis à le déborder par le côté.

[1] et [2] Un joueur peut également tenter une percée en franchissant, par la force ou par la ruse, la ligne de défense adverse avant de courir le plus vite possible vers l'en-but.

107

[1], [2], [3] et [page de droite] L'arbitre peut exclure un joueur pour dix minutes en lui infligeant un carton jaune en cas de fautes répétées ou de violence. Si la faute est jugée grave, il peut exclure le coupable en sortant le carton rouge.

[LES DIFFÉRENTS POSTES]

Quel rapport entre le demi de mêlée australien George Gregan (1,73 m, 80 kilos) et le deuxième ligne français Fabien Pelous (1,98 m, 110 kilos) ? Le rugby, bien sûr !

Au rugby, il y a de la place pour (presque) tous les gabarits. Chaque joueur a une fonction et un poste précis, souvent déterminés par sa morphologie. Les avants, ou les « gros », sont numérotés de 1 à 8, les arrières de 9 à 15. Revue d'effectif.

La première ligne est constituée par trois éléments : deux piliers (n°s 1 et 3), entourés par le talonneur (n° 2) en mêlée. Ces postes reviennent à des joueurs qui mesurent rarement plus de 1,80 m et qui pèsent au moins 100 kilos. Le talonneur effectue généralement les lancers en touche.

La deuxième ligne rassemble les deux plus grands joueurs (n°s 4 et 5), qui prennent les ballons en touche. Le cinq de devant doit plaquer inlassablement et favoriser la récupération du ballon.

La troisième ligne est composée des trois joueurs les plus complets, qui poussent derrière la deuxième ligne en mêlée. Ils alternent plaquages et soutien offensif. Les deux troisième ligne aile (n°s 6 et 7) collent au porteur du ballon. Le troisième ligne centre (n° 8) est souvent le plus puissant et le plus expérimenté pour orienter le jeu des avants. Le demi de mêlée (n° 9), comme son nom l'indique, introduit le ballon dans la mêlée. Souvent le plus petit et le plus vif, il fait le lien entre les avants et les trois-quarts.

Le demi d'ouverture (ou ouvreur, n° 10) constitue « la charnière » avec le demi de mêlée. Équivalent du meneur de jeu en football, il décide des options tactiques.

Les trois-quarts sont au nombre de quatre. Les centres (n°s 12 et 13) essaient de perforer la défense adverse en alliant technique,

Il y en a pour tout le monde

rapidité et puissance. Les ailiers (n°s 11 et 14) sont des finisseurs. Placés en bout de ligne d'attaque, ils tentent de s'infiltrer dans les espaces pour marquer un essai.

L'arrière (n° 15), enfin, est un électron libre. Dernier rempart sur les phases défensives, il peut s'intercaler dans la ligne d'attaque pour amener le surnombre.

[1], [2] et [3] À chaque poste son gabarit. Les joueurs de première ligne sont de taille moyenne (moins de 1,85 m) mais très robustes (autour de 115 kilos) pour pousser en mêlée et soutenir leurs équipiers en touche. [4] Les deuxième ligne (ici Fabien Pelous), les plus grands, poussent au cœur de la mêlée et doivent capter les ballons en touche.

[1], [2], [3] et [4] Les troisième ligne sont les plus polyvalents. Ils poussent derrière la mêlée, doivent être de bons plaqueurs et n'hésitent pas à participer aux mouvements d'envergure.

[1] Le demi de mêlée est souvent le plus petit de son équipe.
[2] Le poste d'ouvreur peut être occupé par un joueur plus imposant, comme ici Damien Traille face aux All Blacks.
[3] Les ailiers sprinters de poche, tel Christophe Dominici, tendent à disparaître au profit de gabarits plus imposants.
[4] Grand et costaud, Yannick Jauzion possède la morphologie des trois-quarts centre du rugby moderne.

[1] et [2] Puissance et agilité sont les atouts des joueurs de la ligne arrière. Florian Fritz et Aurélien Rougerie combinent parfaitement ces deux qualités.
[3] Plus petit, l'arrière Thomas Castaignède allie, pour sa part, vitesse et technique.

[1] et [2] Christophe Dominici et Nicolas Brusque échappent aux géants anglais et australiens.

[3] Au rugby, tout le monde cohabite, et les petits ne reculent pas devant les plus costauds, comme le montre Fabien Galthié, seul face à une montagne d'Irlandais.

[Double page suivante] Le XV de France avant un test-match en 2005. Les différences de morphologie sont flagrantes.

[LES GRANDS MARQUEURS D'ESSAIS]

Avec trente-huit essais inscrits en sélection, Serge Blanco est le meilleur finisseur de l'histoire du rugby français.

Ils sont au rugby ce que Pelé fut au football ou Michael Jordan au basket. Les grands marqueurs d'essais, véritables artistes du ballon ovale, représentent une caste à part. Ces finisseurs hors pair, spécialistes de l'effort solitaire et du cadrage-débordement, font se lever les foules en allant aplatir dans l'en-but adverse grâce à leur maestria.

Starifiés à outrance dans un monde où la première vertu est le don de soi dans l'intérêt du collectif, ils arrivent à faire oublier aux yeux du grand public le sombre travail de sape de leurs partenaires – et tout particulièrement celui des avants –, sans lequel ils ne pourraient s'exprimer. À eux la gloire et la notoriété, aux autres la simple satisfaction du devoir accompli, confinée dans un relatif anonymat. Le sport est parfois injuste. Qui se souviendra en effet qu'avant l'essai de la victoire inscrit par Serge Blanco en demi-finale de la Coupe du monde 1987 face à l'Australie, un mouvement exceptionnel, au cours duquel treize joueurs de la sélection française ont touché le ballon, a permis d'aboutir à cet instant de légende du rugby français ?

Marquer des essais à la pelle – une capacité le plus souvent réservée aux trois-quarts aile ou aux arrières – nécessite une parfaite lecture du jeu, beaucoup d'opportunisme, une pointe de vitesse digne d'un sprinteur, et, de plus en plus, un physique de déménageur pour perforer des défenses devenues quasiment hermétiques. Être un habile slalomeur ne suffit plus. Depuis les années 1990, une nouvelle carrure s'est imposée au poste de trois-quarts. Le Néo-Zélandais

Les rois de l'arène

Jonah Lomu, recordman absolu des essais inscrits en Coupe du monde (huit en 1995, sept en 1999), capable en son temps de courir le 100 mètres en onze secondes malgré ses 108 kilos, en fut le premier et le plus spectaculaire représentant.

[1], [2] et [3] Le Néo-Zélandais John Kirwan, l'Écossais Gavin Hastings et le Samoan Brian Lima ont compté parmi les meilleurs marqueurs d'essais dans les années 1980 et 1990.

[1] Recordman hors catégorie, le légendaire David Campese compte à son actif soixante-quatre essais en sélection.
[2], [3], [4] et [5] L'Australien est une référence, même pour des spécialistes comme l'Anglais Rory Underwood, les Néo-Zélandais Jeff Wilson et Christian Cullen ou le Français Philippe Saint-André.

[Page de gauche]
Le puissant arrière
Josh Lewsey et l'ailier
Mark Cueto font
partie des meilleurs
finisseurs anglais.
[1] Ben Cohen, autre
trois-quarts aile, est
lui aussi redoutable.
[2] Sorti de sa retraite
internationale pour
aider les Anglais
lors du Tournoi 2007,
l'arrière David Robinson
a l'une des meilleures
pointes de vitesse.

125

[1] et [2] Autres grands
marqueurs d'essais
contemporains,
les arrières Geordan
Murphy (Irlande)
et Gareth Thomas
(pays de Galles).
[3] Le centre australien
Stirling Mortlock
a inscrit un essai
de 80 mètres face
à la Nouvelle-Zélande
en demi-finale
du Mondial 2003.

[1] Digne successeur de Jonah Lomu, l'ailier néo-zélandais Joe Rokocoko est la terreur de toutes les défenses.
[2] Le Fidjien Rupeni Caucaunibunica a inscrit trois essais lors du Mondial 2003, dont un contre la France. Mais le fantasque ailier d'Agen est aussi le recordman des retards à l'entraînement.

[1] et [2] Aurélien Rougerie, auteur de dix-neuf essais avec les Bleus, pourrait rapidement dépasser le total du retraité Émile Ntamack (26).

[1] et [2] Christophe Dominici est l'un des meilleurs finisseurs français en activité, avec vingt et un essais inscrits en sélection. [3] Après dix-huit mois de présence en équipe de France, Florian Fritz comptait déjà onze essais.

[Page de gauche], [1] et [2]
S'il ne fallait en retenir qu'un, ce serait Jonah Lomu. Avec son gabarit de troisième ligne centre et sa vitesse de sprinter, l'ailier All Black a révolutionné le rugby et restera à jamais le meilleur marqueur d'essais en Coupe du monde 1995 (8) et 1999 (7). Malade d'un rein, il a tenté un pénible et vain retour en vue du Mondial 2007.

[LES STADES DE LÉGENDE]

Hôte de la première finale de Coupe du monde, en 1987, l'Eden Park d'Auckland, en Nouvelle-Zélande, est l'un des stades mythiques du rugby mondial.

Si le rugby était un diamant, le stade serait son écrin. L'histoire du rugby, celle avec un grand « H », relate les exploits de combattants de l'impossible venus des quatre coins du globe pour éblouir les spectateurs de l'enceinte dans laquelle ils se produisent.

Ces stades de légende ne sont qu'une dizaine sur la planète. Ils ont été, ou sont toujours, le théâtre de rencontres à part entre les plus grandes nations. La France a l'immense privilège d'en héberger trois. Colombes a tiré sa révérence en 1972, à la suite d'une victoire du XV de France sur celui de la Rose dans le Tournoi des Cinq Nations. Le Parc des Princes a pris le relais pendant vingt-cinq ans, le temps de devenir le jardin des Rives, Blanco, Fouroux et autres. Avec ses 80 000 places, le Stade de France a été désigné pour accueillir les plus grandes rencontres du Mondial 2007. Il ne faut pas aller très loin au-delà de nos frontières pour trouver d'autres antres charismatiques.

Surnommé « Home of England Rugby », Twickenham, dans la bourgeoise banlieue sud-ouest de Londres, est indissociable des exploits anglais. Combien d'équipes ont fini par sombrer en entendant entonner le gospel *« Swing Low, Sweet Chariot »* ? À Cardiff, au pays de Galles, l'ultramoderne Millennium Stadium a remplacé en 1999 le mythique Arms Park, souvent considéré comme ayant offert la meilleure ambiance au monde. En Irlande, Lansdowne Road, avec ses sièges en bois, sa vieille horloge jaunie, le train qui passe sous les tribunes, sa « school boys and girls terrace only », a également eu droit à son lifting. Pour toutes les équipes européennes, il existe d'autres temples sacrés du rugby où remporter une victoire reste un exploit à jamais gravé. Ce

C'est là que ça se passe

sont l'Eden Park d'Auckland, enceinte de la première finale de la Coupe du monde, ou encore l'Ellis Park de Johannesburg, citadelle imprenable où les Springboks ont signé leur retour dans le concert international par une victoire en finale du Mondial 1995 face aux All Blacks.

[1], [2] et [3] Choisi pour accueillir les jeux Olympiques de 1924, le stade Yves-du-Manoir de Colombes a hébergé les balbutiements des Bleus, mais aussi, sur le tard, leurs premières grandes performances, comme la victoire dans le Tournoi 1959.
[Page de droite] L'Arms Park de Cardiff a été le théâtre de très nombreux exploits, comme cette victoire de l'équipe de France contre le pays de Galles en 1958.

[1], [2] et [3] Vieillissant et ne répondant plus aux exigences du rugby moderne, l'Arms Park a été rasé et remplacé par le Millennium Stadium (74 500 places) pour la Coupe du monde de rugby 1999. Principale innovation, son toit peut être replié en cas de mauvais temps.

[1] Un pan de l'histoire du rugby irlandais a été rasé en même temps que Lansdowne Road, le mythique stade de Dublin bâti en 1872, avec ses sièges en bois et sa gare sous la tribune ouest. [2] et [3] Le stade écossais de Murrayfield date quant à lui de 1925, année d'un Grand Chelem dans le Tournoi de la sélection locale.

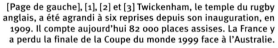

[Page de gauche], [1], [2] et [3] Twickenham, le temple du rugby anglais, a été agrandi à six reprises depuis son inauguration, en 1909. Il compte aujourd'hui 82 000 places assises. La France y a perdu la finale de la Coupe du monde 1999 face à l'Australie.

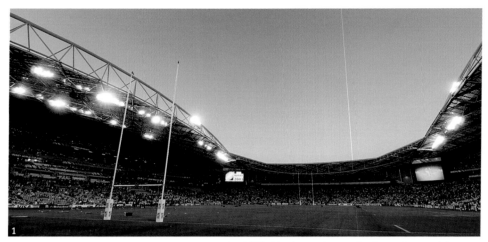

[1] L'équipe d'Australie dispute l'essentiel de ses rencontres au Telstra Stadium de Sydney, comme la finale de la Coupe du monde 2003. [2] et [3] Les Australiens peuvent également évoluer parfois au Stadium Australia de Sydney ou au Colonial Stadium de Melbourne.

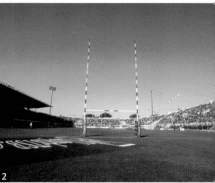

[1] L'équipe de France a remporté ses quatre matches contre l'Afrique du Sud à l'Ellis Park de Johannesburg. **[2]** et **[3]** Les Bleus ont toujours dominé les Italiens au Stade olympique de Rome, mais ils restent sur trois défaites contre les Argentins dans leur stade de Buenos Aires.

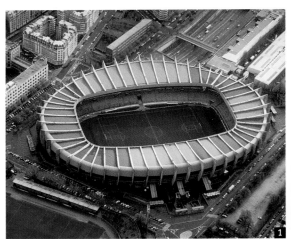

[1], [2] et [3] Jardin de l'équipe de France et site des finales du Championnat de France jusqu'en 1997, le Parc des Princes héberge désormais occasionnellement le Stade Français, en attendant que la mairie de Paris agrandisse Jean-Bouin.

[1], [2], [3] et [4] Neuf ans après la victoire des footballeurs en Coupe du monde 1998, le Stade de France s'apprête à accueillir le Mondial de rugby et espère vivre les mêmes émotions.

143

La France

[LES GRANDS CHELEMS]

C'est un festin indigeste paradoxalement réservé aux fins gourmets. Réaliser le Grand Chelem pour l'équipe de France consiste à avaler consécutivement une rose (emblème de l'Angleterre), un chardon (Écosse), un trèfle (Irlande), un poireau (pays de Galles) et une couronne de lauriers (Italie).

Gagner le Tournoi des Six Nations – anciennement des Cinq Nations, avant l'admission de l'Italie en 2000 – en battant tous leurs adversaires, les Bleus l'ont réalisé à huit reprises (1968, 1977, 1981, 1987, 1997, 1998, 2002 et 2004). Ces huit morceaux d'anthologie sont à jamais gravés dans les annales du XV de France. Le plus récent d'entre eux, réalisé en 2004 au terme d'une victoire difficile sur l'Angleterre au Stade de France (24-21), a une saveur particulière pour Fabien Pelous et Olivier Magne, premiers Français à remporter quatre Grands Chelems. Le précédent, en 2002, restera le premier réalisé par l'un des participants depuis le passage de cinq à six nations.

Si la France a remporté son premier Tournoi en 1954, elle a dû attendre 1968 pour s'offrir son premier Grand Chelem. Un modèle d'abnégation à mettre au crédit du capitaine Christian Carrère et de sa courageuse troupe (Walter Spanghero, les frères Guy et Lilian Camberabero). Mais s'il ne devait en rester qu'un, ce serait assurément le Grand Chelem 1977. Emmenés par Jacques Fouroux, capitaine exemplaire qui gagnera son surnom de « Petit Caporal », les Français ont réussi l'exploit – jamais reproduit

Razzia sur le Tournoi

depuis – de disputer tout le Tournoi avec les quinze mêmes joueurs. Paco, le talonneur, n'aurait pourtant jamais dû jouer le dernier match face à l'Irlande, mais ses partenaires ont obtenu des médecins le report de son opération de l'appendicite pour qu'il puisse participer à la fête jusqu'au bout.

[1 à 4] et [page de droite] En 1968, l'abattage de Benoît Dauga (face à l'Irlande), la puissance d'Élie Cester puis la maestria et l'essai de Lilian Camberabero (contre le pays de Galles), mais aussi l'abnégation de Walter Spanghero et du capitaine Christian Carrère offrirent à la France son premier Grand Chelem.

[1] et [3] En 1977, l'équipe de France décroche son deuxième Grand Chelem, qui reste sans doute comme le plus accompli. Jean-Pierre Rives et Roland Bertranne ont donné le tournis aux Gallois. [2] Jean-Pierre Bastiat a bousculé l'Irlande jusque dans son en-but. [Double page suivante] Toute la bande bleue du capitaine Jacques Fouroux peut savourer ce formidable triomphe.

[1] Les quatre victoires du Grand Chelem 1981 ont été obtenues à l'arraché. Daniel Revallier et Pierre Paparemborde ont souffert face aux Gallois.
[2] Lors du dernier succès, en Angleterre, les supporters des Bleus ont envahi la pelouse de Twickenham.
[3] Les vainqueurs s'accordent quelques pas de danse après avoir battu les Gallois.
[Page de droite] Jean-Pierre Rives offre une accolade pleine de respect à son homologue irlandais Fergus Slattery.

[Page de gauche],
[1] et [2] Un essai d'Éric
Bonneval face à l'Écosse
et une indestructible
première ligne Garuet-
Dubroca-Ondarts,
conjugués au talent
et à la bonne humeur
de Philippe Sella
et Jérôme Gallion,
sont les ingrédients
du Grand Chelem 1987.

[1], [2] et [3] Pluie d'essais lors du Grand Chelem 1997 : quatre contre l'Écosse, dont un du capitaine Abdelatif Benazzi, quatre en Irlande, quatre contre le pays de Galles, dont un de David Venditti et encore deux en Angleterre, avec un énorme Titou Lamaison (18 points sur 23).
[4], [5] et [6] Les Bleus d'Olivier Merle peuvent savourer, sur la pelouse de Twickenham comme dans le vestiaire du Parc des Princes.

[1] et [3] En 1998, Thomas Castaignède et Philippe Bernat-Salles participent activement au sixième Grand Chelem bleu. [2] Les Français terminent le Tournoi par un cinglant 51-0 face au pays de Galles, avec notamment deux essais de Jean-Luc Sadourny.

[1] et [page de droite] En 2002, les Bleus remportent le premier Grand Chelem dans un Tournoi des Six Nations. De quoi émouvoir Bernard Laporte et son staff.
[2] Raphaël Ibañez, l'un des héros de cette campagne.
[3] Avec 80 points inscrits, le buteur Gérald Merceron, auteur d'un essai contre l'Angleterre, est devenu le meilleur réalisateur français dans un même Tournoi.

[1], [2] et [3] De la promenade de santé de Yannick Jauzion contre l'Italie au combat acharné de Sylvain Marconnet face à l'Angleterre, les Français seront passés par tous les états avant de s'adjuger leur huitième Grand Chelem et de poser, trophée en mains, sur la pelouse du Stade de France.

[LA FRANCE EN COUPE DU MONDE]

Le parcours des Bleus en Coupe du monde s'apparente à celui d'un gourmand qui cale à deux pas du buffet. Certes deux fois finaliste, la France est la seule des cinq grandes nations (avec l'Australie, la Nouvelle-Zélande, l'Afrique du Sud et l'Angleterre) à ne jamais avoir été sacrée championne de la planète rugby.

Organisateurs en 2007, les Tricolores de Bernard Laporte espèrent être les premiers à soulever le trophée William Webb Ellis. D'autres avant eux, et pas des moindres, s'y sont essayés sans réussite. Non sans avoir brillé. Le premier coup n'est pas passé loin. En 1987, les Bleus dirigés par Jacques Fouroux réalisent le match parfait en demi-finale et battent l'Australie à Sydney avec quatre essais. Celui, inoubliable, du ticket pour la finale est inscrit dans les arrêts de jeu par Serge Blanco après un splendide mouvement collectif, un exemple à montrer dans toutes les écoles. Mais il restait les Blacks en finale...

Quatre ans plus tard, l'équipe entraînée par Daniel Dubroca trébuche en quart de finale face à l'Angleterre. C'est le plus mauvais résultat des Bleus en Coupe du monde. L'édition 1995, en Afrique du Sud, laissera le souvenir d'Abdelatif Benazzi stoppé à quelques centimètres de la ligne des Springboks, sous le déluge de Durban. S'il avait été validé, son essai aurait propulsé la France en finale. Tombeur des Néo-Zélandais en demi-finale après une deuxième mi-temps euphorique, l'équipe codirigée par Jean-Claude Skrela et Pierre Villepreux cale lors de la finale 1999 face à l'Australie, qui devient la première nation sacrée à deux reprises.

Planète bleu pâle

Pour s'être crus trop beaux, et trop tôt sur le toit du monde, les Bleus ont terminé le Mondial 2003 par une lourde défaite face à la Nouvelle-Zélande, lors du match pour la troisième place. Ils avaient auparavant été battus en demi-finale par les Anglais, futurs vainqueurs. Puissent-ils retenir la leçon...

[1], [2] et [3] Le sacrifice de Jean Condom et d'Alain Lorieux, les jambes de Patrice Lagisquet et le flair de Pierre Berbizier viennent à bout de l'Australie en demi-finale de la Coupe du monde 1987.

[1], [2] et [3] Lors de la finale 1987, les All Blacks sont trop forts pour les Bleus de Dominique Erbani et Serge Blanco. [Double page suivante] Quatre ans plus tard, les Français sont stoppés en quart par les Anglais de Will Carling.

[1], [2] et [3] Une pluie diluvienne, un terrain à la limite du praticable et le sort favorable au pays organisateur ont mis un terme au rêve bleu en demi-finale de l'édition 1995. Il n'a manqué que 15 centimètres à Abdelatif Benazzi pour inscrire l'essai de la victoire.

[Page de gauche], [1], [2] et [3] Quatre essais ont permis aux Bleus de Philippe Bernat-Salles, Olivier Magne et Fabien Pelous de retourner la situation en leur faveur en demi-finale du Mondial 1999, face aux All Blacks.

[1], [2] et [3] En finale de l'édition 1999, face à l'Australie, l'entrée en jeu de Stéphane Glas et les charges d'Abdelatif Benazzi, pris par Stephen Larkham, ne changent rien au scénario. Les Bleus perdent leur deuxième finale de Coupe du monde et doivent se contenter d'un tour d'honneur.

3 En tête après dix minutes, la France ne marquera plus le moindre point en demi-finale du Mondial 2003. [1] Imanol Harinordoquy ne passera pas. [2] Jérôme Thion est encerclé par Richard Hill et Lawrence Dallaglio. [3] Fabien Pelous tombe dans les bras de Jason Robinson. [Page de droite] Les Bleus impuissants face au défi physique imposé par les Anglais.

[LES TOURNÉES DE L'ÉQUIPE DE FRANCE]

Lors de la troisième mi-temps, proposer une tournée consiste à offrir un verre à tous les convives. En rugby, une tournée signifie également partir à la découverte de ce sport tel qu'il se pratique sur d'autres continents.

Les pays de l'hémisphère Sud et de l'hémisphère Nord se rendent visite à tour de rôle, ce qui leur permet de se rencontrer sans attendre les Coupes du monde, qui n'ont lieu que tous les quatre ans. Généralement, les Bleus franchissent l'Équateur au début de l'été et reçoivent leurs rivaux de l'autre bout du monde à l'automne. Si une tournée sert d'abord à travailler les automatismes en vue de grandes échéances, c'est aussi l'occasion de découvrir d'autres cultures, d'autres façons de manier le ballon ovale et de participer à une aventure humaine – de celles qui cimentent les équipes par une amitié indéfectible. Participer à une tournée, c'est favoriser l'essor du rugby dans des régions où ce sport est peu pratiqué (Canada, États-Unis). Mais le rêve de tous les Bleus appelés à prendre leur balluchon pour trois semaines ou plus, c'est d'aller titiller les meilleurs chez eux et tenter de s'y imposer.

Ainsi, les supporters tricolores les plus férus n'ont pas oublié le premier succès des Bleus, lors d'un test-match en Nouvelle-Zélande, vingt-sept ans avant les deux lourdes défaites essuyées à Lyon et au stade de France contre les All Blacks, à l'automne 2006. Le 14 juillet 1979, Jean-Pierre Rives

Les Bleus globe-trotteurs

et sa bande ont célébré la fête nationale en allant s'imposer chez les maîtres de la planète rugby. Une performance reproduite deux fois seulement depuis, à l'été 1994. D'autres périples passant par l'Australie, l'Afrique du Sud, l'Argentine, quelques îles du Pacifique, voire, beaucoup plus proche, la Roumanie, ont largement contribué à faire grandir le XV de France.

[Page de gauche], [1], [2] et [3] Louis Echave, Michel Celaya, Alfred Roques et François Moncla peuvent sourire. À Johannesburg, en 1958, sous la conduite du capitaine Lucien Mias, les Français dominent les Sud-Africains dans tous les compartiments du jeu et gagnent 9-5 devant 70 000 spectateurs médusés.

[1], [2] et [3] Le 15 novembre 1986, à Nantes, les Bleus s'offrent le luxe de battre les All Blacks par 16 à 3. Les Néo-Zélandais prendront leur revanche neuf mois plus tard en finale de la Coupe du monde et enchaîneront cinquante victoires de rang.

[1], [2] et [3] Première tournée victorieuse en Nouvelle-Zélande en 1994. Philippe Sella, Olivier Roumat et Émile Ntamack neutralisent à merveille les All Blacks. [4] Lors du deuxième test-match, Jean-Luc Sadourny sera à la conclusion d'un essai de 80 mètres.

[1], [2] et [3] Tandis qu'Abdelatif Benazzi est félicité par des All Blacks abattus, le capitaine Philippe Saint-André brandit, tout sourire, le bouclier décerné aux vainqueurs de la tournée 1994 devant le légendaire talonneur néo-zélandais Sean Fitzpatrick. Dans le vestiaire, l'équipe de France, au sein de laquelle Christian Califano fête sa première sélection, est aux anges.

187

[1], [2] et [3] En 1997, pour son dernier match au Parc des Princes, l'équipe de France essuie une humiliante défaite (52-10) contre l'Afrique du Sud.

[1], [2] et [3] Sous le choc après la terrible déconvenue, les Bleus quittent l'enceinte de la porte de Saint-Cloud en espérant ne pas revivre pareil cauchemar au Stade de France.

FRANCE 10 17:23 52 AFRIQUE SUD

[1], [2], [3] et [4] Raphaël Ibañez et Olivier Magne, Damien Traille, Sébastien Chabal et Tony Marsh enragent encore : en 2002, à Buenos Aires, ils sont battus d'un point par les Argentins.

[1], [2] et [3] Fabien Pelous a beau grimacer face au pilier Rodrigo Roncero, les Pumas s'offrent une nouvelle victoire en 2005. Les couleurs de l'Argentine sont si proches de celle de l'OM qu'il ne pouvait en être autrement au Stade Vélodrome de Marseille.

[1] et [2] Ballon en main ou dans le secteur défensif, Conrad Smith fait mal aux Bleus en 2004 au Stade de France. [3] et [4] Les hommes de Bernard Laporte encaissent six essais des All Blacks de Jerry Collins et de Mils Muliaina.

[1] et [2] En cette année 2004, après sa victoire 45-6, la Nouvelle-Zélande confirme son statut de meilleure équipe hors Coupe du monde. Dans les vestiaires, les Français accusent le coup et mesurent le gouffre qui les sépare de ce qui se fait de mieux sur la planète rugby.

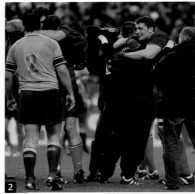

[1], [2] et [3] Les Français s'imposent face aux Australiens en 2004, au Stade de France, avec notamment un essai de Nicolas Brusque.
[4] Récompensé par Bernard Lapasset, Fabien Pelous est un capitaine heureux.

3 [1], [2], [3] et [4] Yannick Nyanga échappe à Mat Roggers, Yannick Jauzion stoppe Matt Giteau, Rémy Martin inscrit le deuxième essai français sous le nez de George Gregan et les Bleus s'offrent les Wallabies à Marseille en 2005.

[1], [2], [3] et [4] En tournée en France, en 2005, les Canadiens repartent de Nantes avec sept essais dans leurs valises, dont trois signés Sébastien Bruno, David Marty et Thomas Castaignède.

[1], [2] et [3] Aucun cadeau pour les exotiques Tonguiens en visite à Toulouse en 2005 : les Bleus de Thomas Castaignède, Aurélien Rougerie et Vincent Clerc, qui marque deux fois, s'imposent 43-8.

[1], [2] et [3] Ceux qui voulaient voir du bleu n'ont vu que du noir. De passage à Lyon en 2006, les All Blacks infligent aux Français un cinglant 47-3. Richie McCaw, Chris Jack et Sitiveni Siviatu ont donné la leçon.

[1], [2], [3] et [page de droite] Pour son match du centenaire, organisé à Saint-Denis en 2006, l'équipe de France concède une nouvelle défaite face à la Nouvelle-Zélande. Kevin Mealamu renverse Dimitri Yachvili, Joe Rokocoko laisse Raphaël Ibañez à terre et Richie McCaw brandit la coupe.

[LES LÉGENDES]

Premier capitaine français à remporter le Tournoi sans partage en 1959, Lucien Mias est aussi le premier Tricolore à avoir battu toutes les grandes nations de son époque.

Si l'on devait composer une équipe de rugby avec les meilleurs joueurs français toutes générations confondues, on obtiendrait un XV de rêve.

Pour intégrer cette équipe-là, il faudrait avoir marqué son époque de son empreinte tout en demeurant une référence à son poste à travers les générations. Certains rugbymen encore en activité peuvent rêver terminer leur carrière dans ce Panthéon du rugby tricolore. Fabien Pelous, seul joueur français à avoir remporté quatre Grands Chelems avec Olivier Magne, était destiné à détrôner Philippe Sella, longtemps détenteur du plus grand nombre de capes (sélections) en équipe de France. Comparé à Mozart pour sa précocité et son talent, Frédéric Michalak mérite lui aussi une place au sommet. Yannick Jauzion, considéré comme l'un des meilleurs trois-quarts centre au monde, ou Serge Betsen, infatigable gratteur de ballons et rare joueur à terminer les troisièmes mi-temps sans allumer un cigare ni boire une goutte d'alcool, ne sont pas loin.

Avant eux, Serge Blanco, intouchable recordman du nombre d'essais marqués en sélection avec les Bleus (38), reste le meilleur arrière que la France ait jamais porté. Jean-Pierre Rives et son casque d'or fut un immense patron du XV du coq. Ses équipiers (Fouroux, Paparemborde, Skrela...), qui ont inscrit à leur palmarès le Grand Chelem en 1977 et la victoire en 1979 en Nouvelle-Zélande, sont tout aussi méritants. Si l'on remonte encore dans le temps, Walter Spanghero, dit « l'Homme de fer », n'eut de cesse de montrer la voie à suivre aux Bleus du Grand Chelem de 1968. Avant lui, Pierre Albaladejo, « Monsieur drop », Michel Crauste, le premier à marquer trois essais

Au panthéon des Bleus

aux Anglais (1962), Lucien Mias, premier capitaine vainqueur d'un Tournoi sans égalité (1959), Jean Prat et André Boniface, ceux par qui le fameux *French flair* est arrivé, ont écrit les premiers chapitres glorieux de l'histoire de notre rugby.

Narrer en si peu de mots les mémoires des Bleus laisse forcément sur la touche de valeureux guerriers. Qu'ils nous pardonnent.

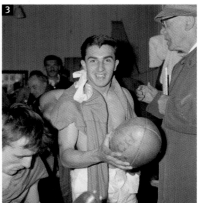

[1] Jour de victoire dans le Tournoi et de retraite internationale pour Jean Prat, porté en triomphe par les Gallois en 1955.
[2] Les frères Boniface, André et Guy.
[3] Jean Gachassin savoure la victoire lors du Tournoi 1961.
[Page de droite] Benoît Dauga, surnommé « Le Grand Ferré » en référence à un héros du Moyen Âge qui a fendu de nombreux Anglais à coups de hache.

[1] Pierre Albaladejo, dit « Monsieur drop ».
[2] Michel Crauste, référence française des années 1950 et 1960.
[3] Christian Carrère, le capitaine du premier Grand Chelem des Bleus, en 1968, pose fièrement devant les blasons des quatre équipes battues.

[1] et [3] La charnière composée par les frères Lilian et Guy Camberabero est l'une des plus efficaces que le XV de France ait connues. [2] Walter Spanghero, qui porte Jean Gachassin dans ses bras, demeure l'un des plus robustes avants de tous les temps.

5

6 [1], [2] et [3] Jo Maso au centre, Pierre Villepreux à l'arrière, Jacques Fouroux à la mêlée et Jean-Pierre Rives en troisième ligne ont eux aussi marqué leur époque. [4], [5] et [6] Tout comme l'arrière Jean-Michel Aguirre et l'ouvreur Jean-Pierre Romeu, le flanker Jean-Claude Skrela et le pilier Gérard Cholet, quatre des héros du Grand Chelem 1977.

[Page de gauche] et [1 à 4]
De Jean-Pierre Rives, en 1977,
à Daniel Dubroca, en 1987,
l'équipe de France accouche
de valeureux combattants,
comme le pilier Robert
Paparemborde, le demi
de mêlée Jérôme Gallion ou
le troisième ligne Éric Champ.

[1], [2], [3] et [page de droite] Les trois-quarts centre Philippe Sella et Denis Charvet, le demi de mêlée Pierre Berbizier et l'incontournable arrière Serge Blanco : quatre artistes du ballon ovale des années 1980.

[1 à 4] et [page de droite] Franck Mesnel, Abdelatif Benazzi, Philippe Saint-André, Jean-François Tordo et Olivier Merle (aux côtés de Benazzi) ont porté haut les couleurs des Bleus dans les années 1990.

[1], [2] et [3] Lors de la Coupe du monde 1995, Marc Cécillon, Olivier Roumat et Laurent Cabannes ont transformé le pack français en machine à broyer.

[1] Jean-Luc Sadourny fut un arrière insaisissable.
[2] Thierry Lacroix a terminé meilleur réalisateur du Mondial 1995.
[3] Christophe Lamaison reste le meilleur marqueur de l'équipe de France, avec 380 points inscrits en sélection.
[4] Fabien Galthié est le seul joueur de l'équipe de France à avoir participé à quatre Coupes du monde (1991 à 2003).

[Page de gauche] Olivier Magne compte à son actif quatre Grands Chelems.
[1], [2] et [3] Pieter De Villiers, Serge Betsen et Raphaël Ibañez sont restés des joueurs indispensables à l'équipe de France bien au-delà du cap de la trentaine.

[1] et [page de droite] À l'aube de leur retraite internationale, Christophe Dominici et Fabien Pelous transmettent tout leur savoir aux plus jeunes. [2], [3] et [4] Imanol Harinordoquy, Yannick Jauzion et Frédéric Michalak font partie de ceux-là.

[LES SÉLECTIONNEURS]

Nommé au lendemain de la Coupe du monde 1999, Bernard Laporte a imposé en huit ans un nouveau style à l'équipe de France.

Ne cherchez pas un joueur des Bleus en train de discuter les décisions de l'entraîneur. Les rares à avoir tenté une rébellion l'ont payé au prix fort. Dernier en date, Sébastien Chabal, lors de la Coupe du monde 2003. Ayant exprimé son mécontentement d'être remplaçant, il a dû attendre près de deux ans avant d'être rappelé en sélection.

Si les Bleus ont longtemps traîné l'image faussée de joueurs indisciplinés à l'échelle internationale, ils ont toujours voué un immense respect, au moins de façade, à leur entraîneur. Être patron de l'équipe de France ne s'apprend pas, ça se mérite. Avoir été international est un atout, être reconnu fin tacticien facilite la tâche. Avoir du charisme est indispensable. Il ne suffit pas pour autant d'être fort en gueule, principal reproche fait par ses détracteurs à Bernard Laporte, en poste depuis fin 1999. Jamais capé, simple champion de France, l'ancien technicien du Stade Français a pour lui d'avoir su adapter sa vision du jeu à l'évolution du rugby.

Ses prédécesseurs étaient issus de la famille fédérale, ayant tous connu la gloire sous le maillot tricolore. Un grand joueur ne devient pas pour autant un grand entraîneur. Ancien capitaine des Bleus, Daniel Dubroca (1990-1991) est le seul sélectionneur français à ne pas avoir atteint les demi-finales en Coupe du monde. Pierre Berbizier (1991-1995) puis le tandem Jean-Claude Skrela-Pierre Villepreux (1995-1999) ont connu plus de réussite, bien qu'ils aient été controversés.

Seul Jacques Fouroux a su mettre tout le monde d'accord. Premier véritable entraîneur-sélectionneur, ce meneur d'hommes hors

Qui c'est le patron ?

pair, doté d'une incroyable faconde, a dirigé d'une main de maître l'équipe de France de 1980 à 1989, réalisant un Grand Chelem et emmenant les Bleus en finale de la première Coupe du monde. Aujourd'hui encore, il reste une référence.

[1 à 5] Avec deux Grands Chelems à son actif, Bernard Laporte a fait mieux que Pierre Berbizier, l'un de ses prédécesseurs à la tête des Bleus, depuis entraîneur de l'Italie. Le technicien aveyronnais est fidèlement entouré du manager Jo Maso et de son adjoint Jacques Brunel.

[6] Les grands joueurs ne deviennent pas nécessairement de grands entraîneurs. Le tandem Daniel Dubroca-Jean Trillo l'a amèrement constaté lors du Mondial 1991.
[7], [8] et [9] Contestés, Pierre Villepreux et Jean-Claude Skrela ont fait taire leurs détracteurs en amenant l'équipe de France en finale de la Coupe du monde 1999.

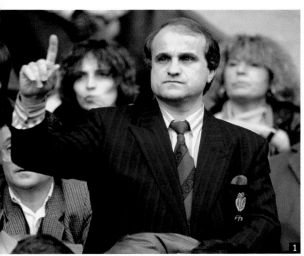

[1], [2] et [3] Surnommé « le Petit Caporal » en raison de sa taille et de ses célèbres coups de gueule, le regretté Jacques Fouroux a dirigé de main de maître l'équipe de France de 1981 à 1990, avec cinq victoires dans le Tournoi – dont deux Grands Chelems – et une finale de Coupe du monde.

[LES BLEUETS]

Certains signes avant-coureurs peuvent permettre de rêver. L'équipe de France des moins de 21 ans a remporté le Championnat du monde de sa catégorie en juin 2006, l'année où cette compétition était pour la première fois organisée dans l'Hexagone.

La jeunesse a montré la voie à suivre à la grande équipe de France, hôte de la Coupe du monde, la vraie, à l'automne 2007. C'est le monde à l'envers. Renversant, le succès remporté par les Bleuets en Auvergne l'est à plus d'un titre. Ils sont les premiers représentants de l'hémisphère Nord à remporter ce titre décerné chaque année depuis 1995, la Nouvelle-Zélande (cinq fois sacrée), l'Australie (trois fois) et l'Afrique du Sud (trois fois) ayant auparavant affirmé la suprématie des rugbymen de l'hémisphère Sud dès leur plus jeune âge.

Cette victoire des joueurs entraînés par Émile Ntamack signifie-t-elle que la France va dominer le monde lors de la prochaine décennie ? Ce serait aller un peu vite en besogne. Tout juste peut-on affirmer que, s'ils ne se brûlent pas les ailes sous les projecteurs d'une gloire soudaine et éphémère, certains cadres de cette équipe pleine de promesses porteront le maillot frappé du coq à l'échelon supérieur dans les années qui viennent. Tous doivent encore travailler pour devenir incontournables, mais beaucoup possèdent déjà un bagage technique très complet et des dispositions physiques impressionnantes. Auteur des 24 points de son équipe, tous inscrits au pied, en finale face à l'Afrique du Sud sur la pelouse du stade Marcel-Michelin de Clermont-Ferrand

L'avenir est en route

(24-13), le demi d'ouverture Lionel Beauxis est suivi de près par Bernard Laporte. Le deuxième ligne Loïc Jacquet et le pilier Yohan Montes sont déjà considérés par de nombreux techniciens comme les tôliers potentiels de l'équipe de France de demain. Supporters, soyez tranquilles : les Bleus n'ont pas fini de nous faire vibrer.

[1], [2], [3] et [4] Thomas Domingo, Cédric Mkhize, Yann Flor et Sébastien Tillous-Borde ont fait mentir les pronostics en résistant à la puissance des Sud-Africains, tenants du titre et grands favoris.

[1] et [2] Si Damien Chouly a été impeccable en touche, Lionel Beauxis a inscrit tous les points de son équipe en finale.
[3] La joie de Chouly et de Nicolas Bontinck.
[4] Devenu entraîneur des Bleuets, Émile Ntamack a su transmettre son expérience.
[Double page suivante] Euphorique sur le podium, le capitaine Loïc Jacquet a déjà intégré la grande équipe de France.

231

[LE CHAMPIONNAT DE FRANCE]

C'est un débat sans fin qui agite les arcanes du rugby français depuis des décennies. Quelle est la bonne formule du Championnat de première division ? Combien de clubs cette compétition doit-elle concerner ?

Le passage à quatorze équipes lors de la saison 2005-2006 reste contesté. Tout avait pourtant été essayé auparavant. Tout, c'est-à-dire un changement de formule quasi annuel, jusqu'à quatre-vingts clubs engagés entre 1987 et 1992, puis quatre à cinq poules de huit ou dix, une éventuelle seconde phase de poules, des phases finales à géométrie variable, avant un resserrement vers l'élite, avec d'abord vingt-quatre clubs, puis vingt, puis seize et enfin quatorze. Déboussolé, le spectateur doit souvent attendre que le vainqueur lève le Bouclier pour trouver son chemin.

Ce chamboulement perpétuel n'est pas étranger au fossé grandissant qui s'est creusé depuis 1995 et l'avènement du professionnalisme entre les grosses écuries (Toulouse, Stade Français, Biarritz...) et d'autres clubs, aux moyens plus modestes, soucieux de ne pas disparaître. La Ligue nationale du rugby, qui gère ces conflits d'intérêts depuis 1998, se heurte à deux autres obstacles majeurs. La télévision, principale pourvoyeuse de fonds, exige du spectacle, donc des affiches de haut niveau avec les meilleurs joueurs. Dans le même temps, l'équipe de France demande régulièrement à récupérer les internationaux pour des rassemblements de plusieurs semaines en période de test-matches, de Tournoi des Six Nations ou de Coupe du monde. Si l'on ajoute les dates bloquées par les Coupes d'Europe,

L'impossible formule du Top 14

le calendrier explose et propose quelques situations cocasses. Ainsi, le Championnat ne s'arrête pas pendant certains matches des Bleus. Les principaux clubs, pillés de leurs internationaux qu'ils continuent pourtant de payer, sont alors contraints d'aligner une équipe bis. Si, au final, les meilleures équipes réussissent généralement à se hisser dans le dernier carré, cela ne fait pas très sérieux.

[1], [2], [3] et [page de droite] Serge Blanco préside la Ligue nationale de rugby. L'ancien arrière des Bleus fait partie de cette nouvelle génération de dirigeants qui cherche à rationaliser un calendrier devenu démentiel.

[1] Patrice Lagisquet, l'entraîneur de Biarritz, ici à côté de son homologue parisien Fabien Galthié, a conduit son équipe à la victoire à trois reprises entre 2002 et 2006. **[2]**, **[3]** et **[4]** Avec des joueurs comme Imanol Harinordoquy, Jérôme Thion ou Nicolas Brusque, Lagisquet dispose d'un effectif digne de l'équipe de France.

[1], [2], [3] et [4] Lors de la finale 2006, le Biarritz Olympique de Sireli Bobo, Jimmy Marlu, Serge Betsen et Dimitri Yachvili a passé 40 points à Toulouse, avec cinq essais. Le BO s'offrait son troisième titre national.

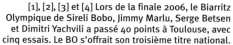

[1 à 5] Quatre fois champion et une fois finaliste de 1998 à 2005, Le Stade Français a su allier à merveille la jeunesse de Thibault Lacroix et de Yohan Montes à l'expérience de David Auradou (casqué) et d'Ignacio Corletto.

[1], [2], [3] et [4] Champion 2003 avec Paris pour son dernier match de club en tant que joueur, Fabien Galthié entraîne désormais ses anciens équipiers, comme Rémy Martin et Christophe Dominici.

[1], [3] et [4] Friands du jeu de mouvement, les fans du Stade Toulousain peuvent compter sur Vincent Clerc et Yannick Jauzion pour assurer le spectacle. [2] Guy Novès, ancien ailier international, a glané sept titres nationaux et trois Coupes d'Europe depuis qu'il est entraîneur de Toulouse.

[1], [2], [3] et [4] Toulouse a de nombreux joueurs de l'équipe de France, comme Yannick Nyanga, Fabien Pelous, la paire de centres Yannick Jauzion-Florian Fritz et le polyvalent Frédéric Michalak.

243

[1], [2] et [3] Faisant fi du calendrier des matches internationaux, le Championnat prive parfois les grosses écuries de leurs meilleurs joueurs et livre des résultats improbables, comme cette victoire de Montpellier sur le Stade Français (en réalité sa réserve) en novembre 2006.

[1], [2] et [3] À la veille de France-Argentine, en novembre 2006, Albi a profité des absences dans les rangs de Toulouse pour s'offrir un inespéré match nul. Sans ces aberrations dans le calendrier, l'écart entre les équipes du haut de tableau et celles qui espèrent se maintenir parmi l'élite serait encore plus important.

[LE BOUCLIER DE BRENNUS]

C'est un instant de gloire éphémère dont rêve tous les joueurs du Championnat : terminer la saison face aux flashes crépitants, sous les yeux du président de la République, les bras levés au-dessus de la tête pour brandir le bouclier de Brennus, la récompense décernée au vainqueur de la finale.

Ce trophée, surnommé « le bout de bois » par les rugbymen ou « lou planchot » en occitan, est l'objet de tous les désirs. Dessiné par le baron Pierre de Coubertin, alors président de l'Union des sociétés françaises de sports athlétiques, ancêtre de la Fédération française de rugby, mais aussi d'autres sports, ce bouclier fixé sur une planche de bois a été gravé en 1892 par l'artiste Charles Brennus, également président du club parisien SCUF (Sporting Club universitaire de France). En son centre, on peut lire cette devise : « *Ludus Pro Patria* » (des jeux pour la patrie). La partie en bois, où figure le nom du vainqueur année par année, a été rénovée dans les années 1990, après avoir été endommagée lors d'une fête d'après-finale mouvementée. Depuis, le trophée reste à l'abri d'une vitrine au musée de la Fédération et l'objet remis au champion n'est qu'une réplique. L'original a été ressorti en 2004, quand les organisateurs se sont aperçus qu'il manquait un succès de Perpignan sur la réplique. Si vingt-six clubs ont eu le privilège de remporter le bouclier entre 1892 – année de la première finale – et 2006, le Biarritz Olympique, le Stade Français et le Stade Toulousain trustent les victoires depuis une dizaine d'années. Depuis 1970 et la victoire de La Voulte Sportif, aucun champion de France inédit ne figure au palmarès. Le sacre d'un nouveau récipiendaire n'est pourtant pas impossible. Maudit parmi les maudits, l'AS Montferrand attend patiemment son heure, après avoir échoué à sept reprises en finale.

Le « bout de bois » qui les fait tous courir

[Page de gauche] Le bouclier de Brennus a longtemps séjourné à Lourdes dans les années 1950 et 1960, avec ici Michel Crauste, Henri Domec, Antoine Labazuy et Roland Crancee lors de la victoire de 1960. [1], [2] et [3] Entre 1971 et 1984, le bouclier a passé le plus clair de son temps à Béziers. Richard Astre, félicité en 1971 par le premier ministre Jacques Chaban-Delmas et portant le trophée en 1972 avec Henri Cabrol, l'a gagné à cinq reprises.

[1] Le pilier biterrois Armand Vaquerin, ici en compagnie de Richard Astre après le titre acquis en 1975, a soulevé le bouclier de Brennus à dix reprises.
[2] et [3] Battu en prolongation par Agen en 1976, Béziers reprend son bien l'année suivante face à Perpignan.

[1] Narbonne s'invite au palmarès en 1979.
[2] Béziers ramène le bout de bois en 1983 et 1984.
[3] Éric Champ et Toulon sont sacrés en 1987.
[4] L'année 1991 est l'avènement de Bègles Bordeaux,
avec une première ligne composée de Serge Simon,
Vincent Moscato et Philippe Gimbert.

251

[1] En 1992, Toulon prive le Biarrot Serge Blanco du bouclier de Brennus le jour de sa retraite sportive. [2] La victoire de Castres sur Grenoble en 1993 reste l'une des plus contestées. [3] Xavier Garbajosa fait toucher le bouclier aux supporters toulousains en 2001. Depuis, les fidèles de la Ville rose attendent désespérément une nouvelle rencontre avec le trophée.

[1] Jacques Chirac console Bernard Goutta, le capitaine de Perpignan, finaliste malheureux en 2004. [2] et [3] Le Stade Français était trop fort en cette année 2004, et Diego Dominguez ne voulut pas raccrocher les crampons sans un tour d'honneur assis sur le bouclier.

[1], [2], [3] et [page de droite] Sacrés en 2005, les Biarrots ont gardé le bouclier de Brennus l'année suivante en battant Toulouse en finale. À croire que l'objet a pris goût à l'ambiance du Pays basque.

[LA COUPE D'EUROPE DES CLUBS]

La Coupe d'Europe ne viendra pas en France en 2007. Les clubs de l'Hexagone ont décrété le boycott.

L'avènement du professionnalisme, en 1995, a rapidement chamboulé le paysage du rugby. L'un des impératifs était d'augmenter le nombre de compétitions à proposer aux chaînes de télévision et d'accroître sensiblement par ce biais les rentrées d'argent.

Le Vieux Continent n'a pas tardé à se mettre à la page, puisque la première édition de la Coupe d'Europe s'est déroulée dès la saison 1995-1996. S'inspirant du modèle existant chez les lointains cousins du football (Ligue des champions, Coupe de l'UEFA), cette compétition réunit tous les ans les supposées vingt meilleures équipes européennes. Supposées, car le mode de qualification varie d'un pays à l'autre, voire d'une saison à l'autre. Si l'on se penche sur le palmarès établi entre 1996 et 2006, les clubs de l'Hexagone totalisent quatre victoires et sept places de finalistes, ce qui les installe en deuxième position derrière l'Angleterre (cinq victoires, une finale).

Lauréat de la première édition, le Stade Toulousain est le seul club européen à s'être imposé à trois reprises. L'équipe dirigée par Guy Novès aurait même pu ajouter un quatrième succès à sa moisson si Clément Poitrenaud ne s'était pas laissé surprendre par un rebond capricieux dans les dernières minutes, offrant ainsi un essai et une victoire inespérés aux London Wasps en finale de l'édition 2004.

Les clubs français ne participeront toutefois pas à l'édition 2006-2007 de la Coupe d'Europe. Serge Blanco, puissant président de la Ligue nationale de rugby, l'a fait savoir en janvier dernier. Pourquoi cette sortie en

Zizanie sur le Vieux Continent

force ? Soutenu par les dirigeants des clubs de l'Hexagone, il estime que les Français ne sont pas assez bien représentés au sein du comité d'organisation et que les retombées financières sont insuffisantes au regard de leur contribution à la bonne santé de cette compétition. Comme il semble loin, le temps du sport passion…

[1], [2], [3] et [4] Dès la première édition, en 1996, Toulouse s'impose en finale à l'Arms Park de Cardiff contre l'équipe locale.

[1 à 4] et [double page suivante] En 2003, les Toulousains ajoutent une nouvelle ligne à leur palmarès européen. Fabien Pelous, Xavier Garbajosa, Yannick Jauzion et Vincent Clerc, auteur d'un essai, contiennent jusqu'au bout le retour de Perpignan.

[1] Un ballon qui échappe à Clément Poitrenaud offre un essai de dernière minute et le titre 2004 aux Wasps de Lawrence Dallaglio.
[2], [3] et [4] Les Toulousains Frédéric Michalak et Fabien Pelous laissent l'Anglais Alex King faire le « V » de la victoire (2004).

[1] Nouvelle finale franco-française et troisième sacre européen pour le Stade Toulousain, tombeur du Stade Français en 2005. [2], [3] et [4] Yannick Jauzion, Cédric Heymans et leurs équipiers exultent, et Toulouse oublie la déception de 2004.

[1], [2], [3] et [4] Est-ce l'effet du président Patrick Sébastien ? Absent au palmarès du Championnat de France, Brive remporte le trophée européen en venant à bout des Anglais de Leicester.

[1] et [2] Brive se hisse à nouveau en finale en 1998, mais s'incline d'un point devant les Anglais de Bath. Christophe Lamaison en pleure encore. [3] et [4] L'année suivante, Colomiers subit la loi des Irlandais de l'Ulster, emmenés par David Humphreys et Stanley McDowell.

[1], [2] et [3] Pour sa première finale européenne, en 2001, le Stade Français s'accroche mais perd de 4 points au Parc des Princes contre Leicester. Austin Healey est plus vif que Christophe Juillet, et Christophe Dominici arrive trop tard pour empêcher Leon Lloyd d'aplatir.

[1] En 2006, Biarritz joue sa première finale européenne et s'incline de 4 points contre Munster, qui joue à domicile.
[2] et [3] Imanol Harinordoquy saute plus haut que Paul O'Connell, mais Damien Traille est stoppé dans son élan.
[4] Les Irlandais s'embrassent et les Biarrots ont la tête basse.

[LES EXILÉS]

l faut vivre avec son temps. À l'heure de la mondialisation et de l'ouverture des frontières au sein de l'Union européenne, le rugby a su se mettre au goût du jour. L'époque est révolue où les meilleurs joueurs français portaient, avec amour et sans en changer, le maillot du grand club le plus proche de leur village.

Aujourd'hui, les rugbymen français résistent difficilement à l'appel du large, attirés par l'appât du gain, mais aussi par la découverte d'une autre façon de vivre et une autre façon d'appréhender le rugby. L'un des premiers internationaux à avoir tenté l'aventure est Fabien Galthié, parti exprimer son talent dans le Championnat d'Afrique du Sud à l'été 1995, où se déroulait dans le même temps le Mondial. Sa présence sur place et une épidémie de bras cassés chez les Bleus lui ont permis d'être repêché durant la compétition. D'autres joueurs ont voulu tenter plus durablement l'expérience de l'hémisphère Sud, simplement pour se prouver qu'ils pouvaient rivaliser avec les prétendus meilleurs rugbymen de la planète. Ainsi, dans les années 1990, Thierry Lacroix, Laurent Cabannes et Olivier Roumat ont à leur tour revêtu le maillot de clubs sud-africains. Christian Califano, le globe-trotteur du rugby français, s'est quant à lui tracé un itinéraire sur mesure en s'aventurant d'abord en Nouvelle-Zélande, avant de voler vers l'Angleterre, revenir en France et retourner outre-Manche. Le Championnat anglais est d'ailleurs la destination privilégiée des rugbymen français, notamment la ville de Londres, où fleurissent les clubs de première et de deuxième division.

Dans l'Hexagone, on n'hésite toutefois pas non plus à faire appel à des joueurs venus des quatre coins de la planète. Une plaie

L'appel du large

pour les jeunes issus des centres de formation, qui patientent à l'ombre d'Argentins, de Fidjiens ou de Géorgiens plus expérimentés. Pour éviter de se retrouver avec des équipes de club en majorité composées d'étrangers, les dirigeants fédéraux et ceux de la Ligue nationale réfléchissent à la possibilité de fixer des limites à cette pratique.

[1] Après une fidélité sans faille à Agen, Philippe Sella rejoint les Saracens de 1996 à 1998 pour vivre une expérience à l'étranger, avant de raccrocher les crampons. Il quitte la scène sur une victoire en finale de la Coupe d'Angleterre.
[2] et [3] Abdelatif Benazzi et Thomas Castaignède ont suivi ses traces sans pour autant remporter le moindre titre.

[1] et [2] Grand voyageur,
Thierry Lacroix connut
trois expériences à
l'étranger, dont deux
à Londres, avec les
Harlequins en 1997
et les Saracens en 1999.
[2] et [3] Christian
Califano a d'abord
opté pour la Nouvelle-
Zélande, avec les
Auckland Blues,
avant de rejoindre
lui aussi les Saracens.
Il évolue toujours
en Angleterre,
avec Gloucester.

[1] Suivant la mode, Raphaël Ibañez a passé deux saisons aux Saracens.
[2] Le talonneur des Bleus finit sa carrière en Angleterre, sous le maillot des Wasps.
[3] Olivier Magne a lui aussi tenté l'aventure outre-Manche, sous les couleurs des London Irish.

[1] Philippe Saint-André a terminé sa carrière de joueur en 2000 à Gloucester, club dont il est devenu entraîneur la saison suivante, avec Laurent Seigne. [2] et [3] Saint-André est désormais à la tête des Sale Sharks, champions d'Angleterre 2006, au sein desquels évolue le Français Sébastien Chabal.

Les avants français ont la cote en Angleterre. [1] Olivier Azam a remporté le challenge européen 2006 et la Coupe d'Angleterre 2003 avec Gloucester. [2] Sébastien Bruno fait désormais partie des sélectionnables en équipe de France grâce à ses performances avec Sale.

[UNE HISTOIRE DE FAMILLES]

C'est le genre d'histoires dont on fait les légendes. Nombreuses sont les familles à avoir beaucoup donné au rugby. Ces grandes lignées ont pour noms Boniface, Camberabero, Spanghero, Herrero, Lièvremont, Skrela, Elissalde, Yachvili...

À deux, trois, voire quatre membres d'une même famille sur le terrain, parfois sur plusieurs générations, tous ces grands noms ont été durablement scandés par le public français. Mais il est un coin de France où rugby et famille font particulièrement bon ménage. L'histoire de l'US Dax mérite d'être contée sous cet aspect. Ce petit club landais a vu le bouclier de Brennus lui échapper en finale à cinq reprises, les trois premières fois avec les frères Albaladejo (1956, 1961, 1963). Pierre, ouvreur légendaire des Bleus, était très lié avec Raymond, ailier de devoir, d'un an son aîné. Ce dernier est décédé en septembre 1964 dans un accident de la route avec deux équipiers, alors qu'il se rendait à un match amical. Deux ans après ce drame, l'US Dax retrouve le sourire lorsque Claude Dourthe, trois-quarts centre surnommé « le Chameau » en raison de son attitude voûtée, devient à 17 ans le plus jeune international français. Pierre Albaladejo lui passe le témoin lors d'une nouvelle finale de Championnat de France perdue (1966). Au terme d'une riche carrière en équipe de France, et après un dernier revers en finale du Championnat (1973), Claude Dourthe est l'heureux papa de Richard, devenu un trois-quarts polyvalent et international. Au milieu des années 1990, la maison Dourthe est le lieu de ralliement des jeunes rugbymen dacquois. Parmi ceux-ci, Olivier Magne et Raphaël Ibañez profitent de cette proximité pour séduire les filles de

Le rugby dans le sang

Claude, dont ils deviendront les gendres, et donc les beaux-frères de Richard. Cette union familiale emmène les trois compères jusqu'en finale de la Coupe du monde 1999. Citons encore Thierry Lacroix, autre buteur célèbre de l'équipe de France et de l'US Dax, qui fut associé en club à son frère Pascal au début des années 1990.

[1] et [2] Avec Dax, les frères Pierre et Raymond Albaladejo ont perdu trois finales du Championnat de France (1956, 1961, 1963). [3] Équipiers au sein de l'effectif de Dax dans les années 1970, Jacques Ibañez et Claude Dourthe sont les pères de Raphaël et Richard, deux internationaux. [Page de droite] Les frères Guy et André Boniface sous le maillot de Mont-de-Marsan.

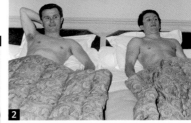

[1], [2] et [3] Les frères Lilian et Guy Camberabero constituaient la charnière française lors du Grand Chelem 1968 et de La Voulte, champions de France 1970. [4] Didier et Gilles, fils de Guy, ont joué ensemble à Béziers dans les années 1980.

Les frères Herero ont tous joué à Toulon.
[1] et [3] André et Bernard ont tous les
deux été membres de l'équipe de France.
[2] et [4] Daniel, parti à Nice en 1975, est
revenu entraîner son club d'origine pour
remporter le titre de champion de France
1987, avec son frère Bernard sur le terrain.

[1] et [2] Jean-Claude Skrela prend un coup de jeune en voyant son fils David postuler à la sélection française trente ans après ses exploits.
[3], [4] et [5] Les Elissalde (Jean-Pierre et Jean-Baptiste) sont demi de mêlée internationaux de père en fils. Et la troisième génération se prépare déjà.

[1], [2] et [3] Vainqueur du Grand Chelem 1968, Michel Yachvili prolonge sa passion au travers de ses fils Grégoire, international géorgien (casqué), et Dimitri, membre des Bleus et du Biarritz Olympique.
[4] Claude Dourthe accompagne quant à lui d'un œil attendri la fin de carrière de son fils Richard.

283

[1] Chez les Lièvremont,
tout le monde joue au rugby.
[2] et [3] Marc et Thomas ont même
évolué ensemble en équipe de
France ou avec les Barbarians.

[1] Raphaël Ibañez et Olivier Magne sont inséparables. Ils ont émergé ensemble à Dax dans les années 1990 et ont porté le maillot de l'équipe de France. [2] Partis finir leur carrière en Angleterre, ils profitent des rencontres entre leurs clubs pour parler famille à la mi-temps. [3] Ils ont épousé chacun l'une des deux sœurs de Richard Dourthe (ici, Raphaël Ibañez avec Sandra).

285

[LE RUGBY AU FÉMININ]

Le XV de France féminin, battu en demi-finale par la Nouvelle-Zélande, a terminé troisième du Mondial 2006 disputé au Canada.

Ne voyez là aucun machisme déplacé, mais un simple constat. La place des femmes dans le rugby est réduite à la portion congrue. Les chiffres parlent d'eux-mêmes : sur 240 000 licenciés en France, on ne compte que 4 000 femmes.

Eh oui ! Ce sport viril à l'excès peut aussi avoir sa touche de grâce. On peut sortir d'un vestiaire avec quelques bleus mais aussi du maquillage et des talons hauts. Ces dames possèdent même leur équipe nationale et leur Tournoi des Six Nations, créé en 2001, qu'elles ont remporté à trois reprises au cours des six premières éditions (2002, 2004, 2005), à chaque fois sur un Grand Chelem. Tous les quatre ans, la gent féminine dispute également sa Coupe du monde, compétition reconnue par la Fédération internationale en 1998 et toujours remportée depuis par les Black Ferns (« fougères noires »), équivalent des All Blacks.
Si l'on considère encore que les règles du jeu sont les mêmes pour les hommes et pour les femmes, la comparaison s'arrête là. Les moyens mis à la disposition des joueuses sont dérisoires, et ces dernières, dont quelques mères de famille, travaillent toutes en parallèle. Seuls certains pays comme l'Angleterre et les États-Unis comptent des rugbywomen professionnelles. L'époque durant laquelle les Bleues payaient de leur poche les déplacements avec la sélection n'est pas si loin. Désormais, la fédération s'engage un peu plus financièrement et offre même deux week-ends de stage par an. C'est peu, mais cela correspond à l'intérêt suscité par le phénomène. Car, mis à part les matches du Tournoi contre l'Angleterre, qui peuvent rassembler jusqu'à 5 000 personnes, l'équipe de France évolue généralement devant des

Allez les Bleues !

tribunes clairsemées. Les télévisions sont totalement absentes. Dommage, car le jeu pratiqué est certes moins orienté vers le défi physique, mais il propose davantage d'évitements et d'essais d'ailiers. Certaines écoles de rugby montrent même des vidéos de matches féminins aux débutants pour les sensibiliser au jeu de mouvement.

3 [1], [2], [3] et [page de droite] La finale du Championnat de France féminin Élite 1 a vu la victoire de Toulouges sur Rennes en 2006. La principale différence avec la discipline pratiquée par les hommes est le taux de remplissage des tribunes !

[1], [2] et [3] Les filles de Toulouges peuvent laisser éclater leur joie au grand jour. Cette petite ville des Pyrénées-Orientales, qui compte moins de 6 000 habitants, a remporté en 2006 son troisième titre national consécutif.

L'étranger

Matt Dawson et Ben Cohen célèbrent leur titre de champions du monde 2003. Le XV de la Rose devient le premier représentant de l'hémisphère Nord à décrocher le sacre suprême.

Seul le rugby pouvait espérer concurrencer un jour le football dans le cœur des Anglais. Berceau de l'Ovalie, l'Angleterre a vu naître ce sport un jour de novembre 1823, dans la ville de Rugby, par l'intermédiaire d'un étudiant nommé William Webb Ellis.

Près de deux siècles plus tard, tous les Anglais jouent un jour ou l'autre au rugby, une discipline quasi incontournable à l'école puis à l'université outre-Manche. Les joueurs du XV de la Rose sont adulés en leur royaume, font la une des journaux people et, pour les plus méritants, sont anoblis par la reine. Le succès au Mondial 2003 des sujets de Sa Majesté a déchaîné les passions et propulsé 750 000 personnes dans les rues de Londres. Un engouement comparable à celui déclenché en France en 1998 par la victoire des footballeurs emmenés par Zinedine Zidane. Twickenham, leur stade, est un temple de 80 000 places où l'on parle de rugby comme de religion. Avec douze Grands Chelems et vingt-quatre victoires sans partage dans le Tournoi, l'Angleterre est largement en tête au palmarès.

Les clubs ne sont pas en reste. Sans attendre que le rugby devienne professionnel, en 1995, les instances du rugby anglais ont opéré un resserrement vers l'élite, pour accoucher d'un championnat à douze clubs dès la saison 1987-1988. Le titre de champion se joue au cours d'une saison régulière, puis d'une phase de play-off et enfin de la finale, traditionnellement jouée à Twickenham. Sacrés en 2006, les Sale Sharks, banlieusards de Manchester entraînés par l'ex-international français Philippe

Au nom de la Rose

Saint-André, ont mis fin à une longue domination des clubs londoniens, puisque les London Wasps et les Leicester Tigers avaient remporté les sept éditions précédentes. En Coupe d'Europe, on retrouve encore les clubs anglais en haut des bilans, avec cinq victoires et une place de finaliste lors des onze premières éditions.

[1], [2], [3] et [4] Rob Andrew, Will Carling, Tony Underwood et Jeremy Guscott ont porté haut les couleurs anglaises dans les années 1980 et 1990.

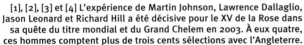

[1], [2], [3] et [4] L'expérience de Martin Johnson, Lawrence Dallaglio, Jason Leonard et Richard Hill a été décisive pour le XV de la Rose dans sa quête du titre mondial et du Grand Chelem en 2003. À eux quatre, ces hommes comptent plus de trois cents sélections avec l'Angleterre.

297

1 2

3

[1], [2] et [3] Malgré son attitude de golfeur et ses airs de premier de la classe, Jonny Wilkinson, lorsqu'il n'est pas blessé, est le grand artificier de la planète rugby. Sa précision au pied lui a permis de finir meilleur réalisateur du Mondial 2003.

[1], [2], [3] et [4] L'ouvreur Charlie Hodgson et le pilier Matt Stevens, le troisième ligne Martin Corry, le talonneur Steve Thompson et le deuxième ligne Steve Borthwick font partie des forces vives de l'Angleterre.

[1], [2], [3] et [4] Avec Jason Robinson, Ollie Barkley, Mike Tindall et Josh Lewsey, l'équipe d'Angleterre possède de sérieux arguments offensifs.

[1], [2] et [3] Aussi rapides que puissants, Lewis Moody, Ben Cohen et Mark Cueto terrorisent les plus solides défenses de la planète rugby.

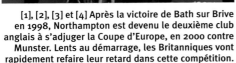

[1], [2], [3] et [4] Après la victoire de Bath sur Brive en 1998, Northampton est devenu le deuxième club anglais à s'adjuger la Coupe d'Europe, en 2000 contre Munster. Lents au démarrage, les Britanniques vont rapidement refaire leur retard dans cette compétition.

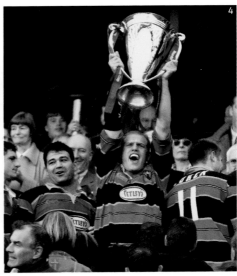

[1] et [2] Leicester et l'emblématique Neil Back s'offrent le doublé en Coupe d'Europe en 2001 et 2002.
[3] et [4] Les Wasps d'Alex King et Lawrence Dallaglio s'invitent à leur tour à la table des lauréats en 2004.

[1], [2] et [3] Champion d'Angleterre en 2002, Gloucester fait souffrir les Saracens grâce au troisième ligne Adam Balding, au centre Mike Tindall et au demi de mêlée Peter Richards, ici auteur d'un essai.

Les Londoniens dominent le championnat anglais. [1] et [2] Leicester compte dans ses rangs nombre d'internationaux, comme le demi de mêlée Harry Ellis ou le trois-quarts polyvalent Austin Healey. [3] et [4] Les Wasps, champions nationaux entre 2003 et 2005, misent sur le demi de mêlée Matt Dawson et l'arrière Mark Van Gisbergen. [Double page suivante] Les Sales Sharks, sacrés en 2006, s'appuient notamment sur Sébastien Chabal, Sébastien Bruno et Jason Robinson.

307

[L'IRLANDE ET LE PAYS DE GALLES]

Dès que l'on parle rugby, la Grande-Bretagne prend des airs de royaume désuni. Outre-Manche, la suprématie supposée de l'Angleterre est une perpétuelle source de motivation pour les Gallois et les Irlandais.

Particulièrement remontés par le rattachement administratif du nord de leur île à l'Empire britannique, nombre de ressortissants de la république d'Irlande nourrissent à l'égard de « l'envahisseur » une haine profonde. Ces querelles de voisinage ne manquent pas de pimenter les rencontres entre Anglais et Irlandais. L'équipe nationale est d'ailleurs l'une des rares occasions où Irlandais du Nord et du Sud évoluent sous le même maillot, celui frappé du trèfle. Toujours éliminés avant les quarts de finale en Coupe du monde, les Irlandais ont montré un progrès avant le Mondial 2007 en battant l'Afrique du Sud et l'Australie à l'automne 2006.

Faute de moyens suffisants, il n'y a pas de clubs professionnels en Irlande. Les meilleurs joueurs évoluent dans l'une des quatre provinces. Le Leinster (à l'est, autour de Dublin), le Munster (sud, Cork), le Connaught (ouest, Galway) et l'Ulster (Irlande du Nord, Belfast) participent à la Celtic Ligue, qui regroupe aussi des formations galloises et écossaises. Mais c'est en Coupe d'Europe qu'elles se distinguent le plus, avec deux succès (Ulster 1999, Munster 2006).

Les clubs gallois, eux, sont davantage à la peine, avec une simple place de finaliste en Coupe d'Europe (Cardiff, 1996). Les représentants de ce pays annexé par l'Angleterre au XIIIe siècle ont la nostalgie de leur glorieux passé, des huit victoires dans le Tournoi entre 1969 et 1979, avec le légendaire J.P.R. Williams, ou de leur troisième place au Mondial 1987. Mais le Grand Chelem réussi

Les cousins font de la résistance

en 2006 a relancé une vague d'espoir. Issu des mines, le rugby gallois semblait en voie d'extinction depuis la fermeture des puits en 1994. Que les émotifs se rassurent. *Land of My Father,* l'hymne du pays de Galles, n'a pas fini de les faire frissonner dans les tribunes.

[1] International jusqu'à l'âge de 36 ans, le trois-quarts Mike Gibson est un mythe du rugby irlandais des années 1960 et 1970.
[2] Gibson a remporté les Tournois 1973 et 1974 aux côtés du troisième ligne Fergus Slattery, récidiviste en 1982 et 1983.
[3] L'inusable deuxième ligne Trevor Brenan termine sa carrière au Stade Toulousain.
[Page de droite] Symbole du *fighting spirit,* le talonneur Keith Wood a pris sa retraite après le Mondial 2003.

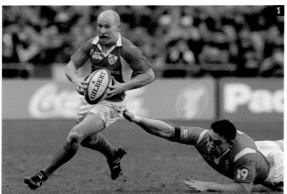

[1], [2] et [3] Le rythme du demi de mêlée Peter Stringler, la précision de l'ouvreur Ronan O'Gara et la fougue du centre Andrew Trimble sont bien utiles à l'Irlande.

[1], [2], [3] et [4] Les troisième ligne Simon Easterby et Anthony Foley, le deuxième ligne Paul O'Connell et l'arrière Geordan Murphy offrent également au XV du trèfle la possibilité de venir jouer les trouble-fête sur la scène internationale.

[1], [2] et [3] Centre insaisissable, adulé en son pays, Brian O'Driscoll a conduit son équipe vers un succès historique en 2006 sur le sol anglais lors du Tournoi.

[1] David Humphreys célèbre la victoire de l'Ulster en finale de la Coupe d'Europe 1999. [2] et [3] Sept ans plus tard, c'est au tour d'une province irlandaise catholique, le Munster, d'offrir le trophée européen à ses supporters.

[1] et [2] Attaché au club du Leinster, Brian O'Driscoll court après son heure de gloire en club. Les formations anglaises les plus huppées ont beau faire un pont d'or au meilleur joueur irlandais, ce dernier n'entend pas les sirènes et reste fidèle à sa région d'origine.
[3] Brian Blaney, Corrigan Reggie et Eric Miller, équipiers d'O'Driscoll au Leinster.

[1] et [2] L'ouvreur Barry John et le demi de mêlée Gareth Edwards ont constitué dans les années 1960 et 1970 la charnière la plus efficace de l'histoire du pays de Galles. [3] et [4] Le XV du poireau a aussi pu s'appuyer sur l'arrière J.P.R. Williams et le pilier Brian Price pour régner sur le Tournoi durant plus d'une décennie.

[1], [2] et [3] La puissance des frères Scott et Craig Quinell, ainsi que la précision au pied de Neil Jenkins, l'un des meilleurs buteurs de l'histoire du rugby, ont permis aux Gallois de remporter une victoire inattendue lors du Tournoi 1994.

[1], [2] et [3] Les forces
vives du rugby gallois :
les troisième ligne
Colin Charvis et
Michael Owen,
mais aussi l'ailier
Shane Williams
et le centre Matthew
Watkins, ici autour
du Français
Aurélien Rougerie.

[1], [2], [3] et [4] L'expérimenté Gareth Thomas tente de tirer vers le haut Shane Williams, Tom Shanklin et Stephen Jones afin de redonner au pays de Galles des raisons de croire en son avenir. Les perspectives sont minces, mais la conviction est grande.

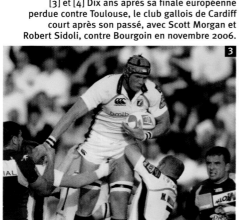

[1] et [2] La présence de Henson Gavin et Brent Cockbain ne suffit pas à Swansea pour décoller. [3] et [4] Dix ans après sa finale européenne perdue contre Toulouse, le club gallois de Cardiff court après son passé, avec Scott Morgan et Robert Sidoli, contre Bourgoin en novembre 2006.

[1], [2] et [3] Avec Stephen Jones, Dwayne Peel et Scott Mac Leod, Llanelli est l'un des meilleurs représentants du pays de Galles sur la scène européenne. Toulouse, battue d'un point en décembre 2006, peut en témoigner.

325

[L'ÉCOSSE ET L'ITALIE]

Lorsqu'une grande nation du rugby – l'Écosse –, dotée d'un joli palmarès, décline, elle risque de croiser dans sa chute un petit nouveau – l'Italie – débordant d'appétit, à qui il reste beaucoup à apprendre.

C'est dans une zone que l'on pourrait appeler la deuxième division européenne, un ton en dessous de la France, de l'Angleterre, de l'Irlande et même du pays de Galles, que gravitent l'Écosse et l'Italie. Depuis 2000 et l'admission des Transalpins dans le Tournoi, désormais appelé des Six Nations, ces deux pays guettent chaque année avec appréhension leur confrontation directe. L'enjeu : ne pas hériter de la cuillère de bois, trophée imaginaire de la honte décerné à l'équipe qui perd ses cinq rencontres. Sur les sept éditions entre 2000 et 2006, l'Italie a écopé du vilain couvert à trois reprises (2001, 2002, 2005), et l'Écosse une fois (2004). D'autres faits rugbystiques rapprochent les deux mauvais élèves. Pour le premier match de son histoire dans le Tournoi, l'Italie a battu...

l'Écosse ! Les deux équipes sont orphelines d'un grand artilleur capable de déclencher un drop impossible ou de passer une pénalité de 50 mètres. Pour la sélection dont l'emblème est une couronne de lauriers, l'homme providentiel se nommait Diego Dominguez. De loin meilleur réalisateur de l'histoire du rugby italien, l'ancien ouvreur s'est laissé convaincre de rester sur le terrain jusqu'à l'âge de 38 ans, avant de prendre sa retraite en 2004. Les hommes au maillot décoré d'un chardon pleurent pour leur part l'époque où Gavin Hastings, arrière de génie et buteur hors pair – à l'écart des terrains depuis 1995 –, pouvait à lui seul renverser les situations les plus compromises. Quatre fois meilleur réalisateur du Tournoi,

La deuxième division européenne

il a offert à l'Écosse son dernier Grand Chelem, réalisé en 1990. Les perspectives en Coupe du monde sont minces pour ces deux nations. En attendant des jours meilleurs, tout juste peuvent-elles espérer tomber héroïquement en quart de finale.

[1] et [2] En dix ans de carrière, de 1986 à 1995, Gavin Hastings permet à l'Écosse de rivaliser avec les meilleures nations. [3] Il succèda à l'arrière à Andy Irvine, l'autre légende locale, capitaine en 1982 pour l'unique victoire de l'Écosse en Australie.

[1] et [2] Le centre ou ouvreur Gregor Townsend, quatre-vingt-deux sélections de 1993 à 2003, et l'arrière Glenn Metcalfe ont participé à la dernière victoire de l'Écosse dans le Tournoi, en 1999. [3] Le nouvel homme fort du XV du chardon est Chris Paterson, capable d'évoluer à tous les postes des lignes arrière.

[1], [2] et [3] L'Écosse est capable de coups d'éclat comme ce tampon de Jason White sur l'Australien Stephen Larkham, la victoire sur la France dans le Tournoi 2006, célébrée ici par Gavin Kerr et Craig Smith, puis celle face à l'Angleterre lors de la même édition, qui permet à Jason White de soulever la Calcutta Cup.

[Page de gauche], [1] et [2] Depuis la saison 2003 et la retraite de l'irremplaçable ouvreur Diego Dominguez, auteur de 983 points en sélection, l'Italie, entraînée par Pierre Berbizier, s'appuie sur une nouvelle génération emmenée par le deuxième ligne Marco Bortolami. [3] et [double page suivante] Les frères Mirco et Mauro Bergamasco, associés en troisième ligne, sont les fers de lance de la Squadra du rugby.

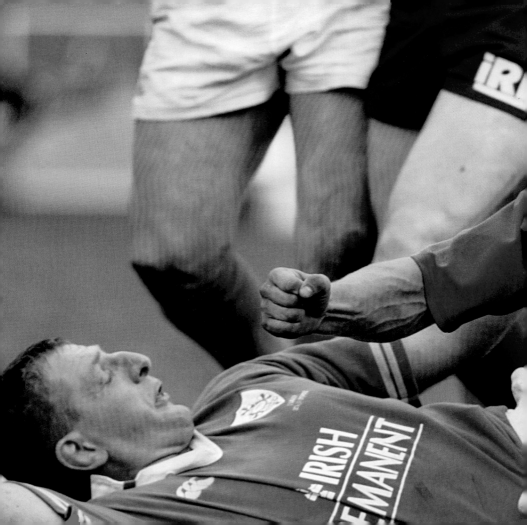

3 [1], [2], [3] et [page de droite] Malgré la bonne volonté d'Alessandro Stoïca, du Néo-Zélandais naturalisé Paul Griffen, de Ramiro Pez et d'Andrea Masi, l'Italie reste une proie très accessible pour les cinq autres nations du Tournoi.

[L'AUSTRALIE]

Huit ans après son premier titre, l'Australie s'adjuge un second sacre mondial en 1999 après sa victoire contre la France (35-12).

C'est une prouesse que la seule appartenance à l'hémisphère Sud ne peut suffire à expliquer. Unique nation à avoir remporté deux des cinq premières Coupes du monde de rugby, l'Australie n'a a priori pourtant pas tous les atouts de son côté.

Avec une population d'à peine vingt millions d'habitants, la plus grande île d'Océanie possède un réservoir tout juste équivalent à celui des Pays-Bas. Qui plus est, le rugby à quinze n'est pas la discipline privilégiée par les Australiens, qui préfèrent de loin leur football *Aussies rules,* le cricket ou le rugby à treize, jugé plus spectaculaire. Plusieurs pistes permettent toutefois de comprendre un peu mieux la réussite du pays des kangourous sur la planète ovale. Monarchie constitutionnelle rattachée à l'Empire britannique, l'Australie est essentiellement peuplée par des descendants d'Anglais et d'Irlandais, chez qui le rugby est né. Un phénomène culturel est également à prendre en compte : toutes les occasions y sont bonnes pour faire du sport. De quoi développer un goût prononcé pour l'effort et un instinct de compétiteur hors pair.

L'émulation née du voisinage de la Nouvelle-Zélande et de l'Afrique du Sud, là où le rugby est roi, a également beaucoup aidé au développement de ce sport, de plus en plus considéré comme un facteur d'intégration pour la population aborigène, celle qui a été colonisée. Paradoxalement, les Australiens n'ont jamais brillé dans leur moitié du globe, et leur parcours a toujours été stoppé par une équipe européenne (la France en 1987, l'Angleterre en 1995 et 2003). Comme pour remettre les pendules à l'heure, l'Australie a

Les Wallabies aiment voyager

remporté les deux Coupes du monde disputées dans l'hémisphère Nord, en battant à chaque fois en finale un représentant du Vieux Continent (l'Angleterre en 1991, la France en 1999). Leurs adversaires sont prévenus : les Wallabies ne font jamais le voyage pour rien.

[Page de gauche] Le légendaire arrière australien
David Campese a placé son équipe sur orbite en 1991.
[1], [2], [3] et [4] La paire de centres Tim Horan-Jason
Little, l'ouvreur Michael Lynagh et le demi de mêlée
et capitaine Nick Farr-Jones, ici aux côtés de Campese,
sont les autres joueurs clefs de ce premier titre mondial.

[1] L'abattage d'Owen
Finegan lors du Mondial
1999 est récompensé
par ce lever de Coupe.
[2] L'ouvreur Stephen
Larkham a quant à
lui passé un drop
de 50 mètres en
prolongation de
la demi-finale contre
l'Afrique du Sud.
[3], [page de droite] et
[double page suivante]
Le deuxième ligne
John Eales, l'arrière
Chris Latham et le
demi de mêlée George
Gregan se sont montrés
tout aussi vaillants.

1

3

[1], [2] et [3] Non retenu pour le Mondial 1999 en raison de son manque d'expérience, le robuste centre Stirling Mortlock est devenu depuis indispensable. En 2000, il offre le Tri Nations à l'Australie en passant une pénalité à la dernière seconde et réussit la même année à marquer au moins 20 points en sélection quatre fois consécutivement. En demi-finale du Mondial 2003, il inscrit un essai de 80 mètres contre la Nouvelle-Zélande.

2

[1], [2], [3] et [4] Lote Tuqiri, puissant ailier venu du rugby à treize, le flanker Rocky Elsom et l'arrière Chris Latham ont pour points communs de dépasser les 100 kilos et de plaire à cette supportrice australienne riche en couleurs.

[1], [2] et [3] Centre ou doublure de Stephen Larkham à l'ouverture, Matt Giteau est le buteur attitré des Wallabies. George Smith et Phil Waugh en sont les flankers.

[L'AFRIQUE DU SUD]

Organisatrice du Mondial en 1995, l'Afrique du Sud gagne dès sa première participation. François Pienaar et son équipe réconcilient un peuple déchiré par des décennies d'apartheid.

Stade Ellis Park de Johannesburg, samedi 24 juin 1995. Debout au milieu du terrain, Nelson Mandela remet la Coupe du monde à François Pienaar, colosse blond et blanc, capitaine de l'Afrique du Sud qui vient de battre la Nouvelle-Zélande en finale.

« Nous n'étions pas quinze, mais quarante-quatre millions », clame Pienaar en brandissant le trophée, illustrant le slogan du moment : « Une équipe, un pays. » Mandela et le capitaine sud-africain portent le même maillot, celui d'une nation enfin unie, et se donnent l'accolade. Dans les tribunes, supporters blancs et noirs communient dans la joie et n'en finissent pas de chanter. L'image a dépassé les frontières du sport et a fait le tour du monde. Cet instant unique permis par le rugby enterrait définitivement la politique d'apartheid, qui a vu pendant plus de quarante ans une petite minorité de Blancs priver de ses droits les plus élémentaires une immense majorité de personnes au teint plus foncé.

Si l'on revient à des considérations plus terre à terre, ce sacre à domicile de l'Afrique du Sud dès sa première participation à une Coupe du monde signe son retour en fanfare à la compétition. Boycotté en raison de sa politique, le pays africain le plus porté vers le rugby, du fait de ses ancêtres britanniques et français, a en effet été exclu de toute épreuve internationale de 1984 à 1992. Dès lors, les tournées effectuées en Afrique du Sud ont pu reprendre leur cours. Hasard du calendrier, les Springboks (« antilopes », l'un des symboles de l'Afrique du Sud) ont été sacrés champions du monde l'année même où le rugby devenait officiellement professionnel, ce qui n'a fait qu'accélérer leur réin-

La résurrection des Springboks

sertion. Même s'ils n'ont pas connu la même réussite lors des Coupes du monde 1999 (troisièmes) et 2003 (éliminés en quarts de finale), les Sud-Africains possèdent toujours une équipe figurant parmi les cinq meilleures de la planète. De plus, ils peuvent désormais être fiers d'aligner des sélections mixtes.

[1] et [3] Buteur hors pair et ouvreur de génie, Naas Botha a vu sa carrière internationale sacrifiée en raison du boycott antiapartheid. [2] et [page de droite] André Joubert, Joel Stransky et James Small, les successeurs de Botha, ont eu le bonheur d'être performants lorsque leur pays est revenu en grâce sur la scène internationale.

[1], [2] et [page de droite]
Le pilier Os Du Randt
et les deuxième ligne
Bakkies Botha et Victor
Matfield symbolisent
la puissance qui
caractérise le jeu
des Springboks.
[3] L'ailier Chester
Williams a été le
premier joueur de
couleur sélectionné
dans l'équipe de
l'Afrique du Sud.

[1], [2] et [3] D'une grande longévité
(quatre-vingt-neuf capes de 1993 à 2003),
le demi de mêlée Joost Van Der Westhuizen
détient le record d'essais inscrits
en sélection sud-africaine (trente-neuf).

[Page de gauche] et [3]
Pilier ou talonneur,
John Smit, vainqueur
de la Nouvelle-Zélande
en 2005, mais battu
par la France en 2006,
est le nouveau
capitaine des Boks.
[1] et [2] Les lieutenants
de Smit sont le
trois-quarts polyvalent
Jean De Villiers et le
troisième ligne centre
Jacques Cronje.

359

[1], [2], [3] et [page de droite] Autres habitués de la sélection sud-africaine actuelle, l'ouvreur James Butch, le demi de mêlée Enrico Januarie ou encore les flankers Danie Rossouw et Schalk Burger.

[LA NOUVELLE-ZÉLANDE]

Avant de battre les Bleus en novembre 2006 au Stade de France, les Néo-Zélandais ont offert aux hommes de Bernard Laporte leur version douce du haka : le *Ka mate*.

C'est un rituel emprunté aux Maoris, la population polynésienne de Nouvelle-Zélande, qui l'interprétaient à l'occasion de cérémonies ou avant de partir en guerre.

Le haka est désormais la marque de fabrique des All Blacks, les rugbymen Néo-Zélandais, ainsi surnommés en raison de leur tenue intégralement noire, mais surtout à la suite d'une mauvaise compréhension d'un article écrit par un journaliste britannique impressionné par la vivacité de ces joueurs qu'il avait qualifiés de « all backs » (tous arrières). Le haka est dansé et chanté par les Néo-Zélandais avant chaque rencontre. Il existe en deux versions. La plus connue, mais aussi la plus tendre, est le *Ka mate.*
En voici les paroles : *« Ringa pakia ! Uma tiraha ! Turi whatia ! Ka mate ! Ka mate ! Ka ora ! Ka ora ! Tenei te tangata puhuru huru ! Nana nei i tiki mai, Whakawhiti te ra ! A upane ! ka upane ! Whiti te ra ! Hi ! »*
Traduction : « Tapez les mains contre les cuisses ! Soufflez ! Pliez les genoux ! Laissez la hanche suivre ! Tapez des pieds aussi fort que vous pouvez ! Je meurs ! Je meurs ! Je vis ! Je vis ! Voici l'homme poilu qui est allé chercher le soleil et l'a fait briller à nouveau ! Un pas ! Un autre pas ! Le soleil brille ! »
Depuis 2005, une version plus impressionnante – et plus critiquée – du haka est pratiquée lors des grandes occasions. Il s'agit du *Kapa o Pango,* dont la chorégraphie se termine par la simulation d'un égorgement. Cette coutume contribue à la légende du rugby néo-zélandais, au même titre que sa domination sportive. Premiers vainqueurs de la Coupe du monde, en 1987 à Auckland, les All Blacks sont les seuls à s'être hissés au minimum en demi-finale lors des cinq premières éditions de cette compétition. En outre, aucune sélection ne peut se vanter

Au pays du haka

de compter plus de victoires que de défaites contre les joueurs dont l'emblème est une fougère argentée. À l'aube de la saison 2007, certaines grandes nations du rugby, comme l'Irlande, l'Écosse ou l'Argentine, n'avaient même encore jamais réussi à triompher, ne serait-ce qu'une seule fois, de ces guerriers du Pacifique.

[Page de gauche] et [1 à 4] Le talonneur Sean Fitzpatrick, l'ailier John Kirwan, le demi de mêlée David Kirk, le deuxième ligne Gary Whetton et le troisième ligne centre Zinzan Brooke, l'un des rares avants au monde à tenter des drops, resteront les premiers vainqueurs de la Coupe du monde, en 1987.

[1] et [2] Capitaine des Blacks au Mondial 1987, l'ouvreur Grant Fox a eu un digne héritier en la personne d'Andrew Merthens, auteur de 967 points en sélection.
[3] L'ailier Jonah Lomu détient le record d'essais inscrits en Coupe du monde (15).
[Page de droite] Plaqueur acharné, le centre Tana Umaga a décidé de mettre un terme à sa carrière internationale en 2006.

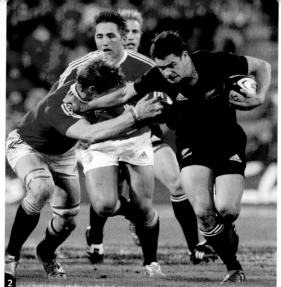

[1], [2] et [3] Sacré
meilleur joueur
du monde en 2005,
Daniel Carter est
l'incomparable
ouvreur des All Blacks.
La précision de son pied
et son jeu en pénétration
laissent penser qu'il
pourrait atteindre
les 1 500 points
en sélection d'ici à
la fin de sa carrière
internationale.

[1], [2], [3] et [page de droite] Richie McCaw est le capitaine en titre de la Nouvelle-Zélande. Ce robuste troisième ligne, vainqueur des Bleus à plusieurs reprises, a été élu joueur de l'année 2006 par la fédération internationale. Par son influence sur le jeu des All Blacks, il rappelle Michael Jones, l'un de ses glorieux aînés, champion du monde en 1987.

[1] Aussi à l'aise à l'arrière qu'au centre ou à l'aile, Mils Muliaina est capable de s'infiltrer dans un trou de souris. [2] et [3] À l'automne 2006, le centre Ma'a Nonu et le demi de mêlée Byron Kelleher ont également donné le vertige à l'équipe de France.

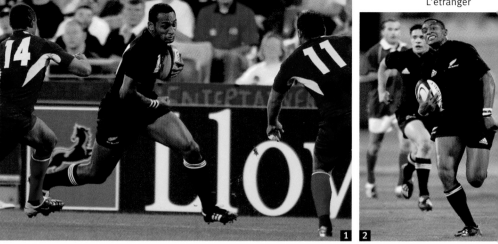

[1], [2] et [3] La vraie terreur néo-zélandaise, c'est lui, Joe Rokocoko. Rapide, puissant et très bon défenseur, il détient deux records : il a inscrit dix-sept essais lors des douze tests en 2003, et il est le seul All Black à avoir marqué au moins deux essais dans quatre tests consécutifs.

373

Les nations majeures de l'hémisphère Sud ont toujours eu un coup d'avance sur leurs rivaux du Nord. Promptes à négocier le virage du professionnalisme, les fédérations sud-africaine, néo-zélandaise et australienne se sont regroupées sous la forme d'un collectif nommé SANZAR pour fonder le Tri Nations Series en 1996.

Cette compétition est un minichampionnat entre les trois pays, qui se rencontrent trois fois chacun (six matches chacun). L'attribution des points, destinée à favoriser le spectacle, a notamment été copiée dans le Championnat de France : 4 points pour une victoire, 2 pour un nul, 0 pour une défaite, 1 de bonus offensif pour au moins quatre essais marqués dans le même match, 1 de bonus défensif pour une défaite de moins de 7 points. Cela donne des rencontres d'un niveau souvent supérieur à celui observé dans le Tournoi des Six Nations, qui se rapproche beaucoup plus d'une phase finale de Coupe du monde. À ce petit jeu, les Néo-Zélandais ne partagent pas beaucoup : ils ont remporté sept des onze premières éditions, ne laissant leurs adversaires s'imposer que deux fois chacun.

Pour éviter la formation d'une compétition parallèle, un championnat de clubs a également été créé entre ces trois pays phares du rugby : le Super 14 (Super 12 jusqu'en 2005). Cette épreuve voit s'affronter cinq provinces de Nouvelle-Zélande, cinq d'Afrique du Sud et quatre États australiens sous la forme d'un championnat (matches allers-retours). Les quatre premiers accèdent aux demi-finales. Ce sont là encore les Néo-Zélandais les plus forts, avec, entre 1996 et 2006, six victoires pour les Crusaders de Christchurch, trois pour les Blues d'Auckland, les deux restantes

La crème de la crème

étant à l'actif de l'équipe australienne des « Brumbies », aux environs de Canberra.

L'augmentation du nombre de matches de haut niveau relève aussi d'une logique financière : elle permet de négocier des droits de diffusion très élevés avec les télévisions.

[1] L'ouvreur néo-zélandais Daniel Carter a terminé meilleur marqueur du Tri Nations 2006 avec 99 points.
[2] et [3] En Australie, Richie McCaw, le capitaine des Blacks, s'est pourtant fait chahuter dans les airs, et l'ailier Rico Gear n'a pas réussi à trouver la faille.

[1], [2] et [3] Match de défense entre l'Afrique du Sud et la Nouvelle-Zélande. Mils Milaina est pris par l'ailier Bok Bryan Habana, le centre Black Aaron Mauger plaque l'ouvreur sud-africain André Pretorius, et Rico Gear est poussé en touche par Pierre Spies et Bryan Habana.

[1] L'expérience de l'inusable George Gregan n'a pas suffi pour permettre à l'Australie de battre la Nouvelle-Zélande lors du Tri Nations 2006. [2] et [3] Contre l'Afrique du Sud, les Wallabies ont en revanche réussi le match parfait (49-0), avec de belles charges de l'ailier Lote Tuquiri et six essais, dont un doublé du centre Matt Giteau.

[1] et [2] Le flanker sud-africain Pierre Spies et l'arrière Jacques Fourie ont réussi à infliger à la Nouvelle-Zélande sa seule défaite lors du Tri Nations 2006 (21-20). [3] et [page de droite] Si Jacques Cronje est impuissant lors du premier match contre l'Australie en 2006, le demi de mêlée Fourie Du Preez et les Boks prennent leur revanche un mois plus tard.

[1] Déjà cinq fois vainqueurs du Super 12, les Crusaders sont restés souverains en 2006 pour la première saison du Super 14. [2], [3] et [page de droite] Lors d'une finale entre équipes néo-zélandaises, le demi de mêlée Andrew Ellis, en concurrence avec Kevin Senio, et le centre Aaron Mauger ont battu les Hurricanes.

[1], [2] et [3] Lauréats du Super 12 en 2003, les Blues d'Auckland n'ont pris que la huitième place du Super 14 en 2006 et peinent à jouer les premiers rôles.

La franchise néo-zélandaise d'Auckland compte dans ses rangs quelques All Blacks, comme le trois-quarts Doug Howlett ou le talonneur Keven Mealamu, mais ne parvient plus à rivaliser avec les Crusaders de Richie McCaw, qui stoppe ici la progression de David Gibson.

385

[1], [2], [3] et [4] Souvent placés, mais jamais vainqueurs, les Hurricanes de Wellington ont chuté en finale 2006 face aux Crusaders, malgré l'apport de puissants internationaux Blacks.

[1], [2], [3] et [4]
Deux franchises
néo-zélandaises sont
à la traîne : les Chiefs
d'Hamilton, avec
le troisième ligne Sione
Lauaki et l'ouvreur
Stephen Donald,
et les Highlanders,
proches d'Otago,
avec, dans leurs rangs,
l'international de rugby
à sept Josh Blackie.

[1] et [4] Les Brumbies ont gagné le Super 12 en 2001 et 2004 grâce aux exploits de Stirling Mortlock et Owen Finegan.
[2] et [3] La franchise du Sud-Est australien compte également dans ses rangs le troisième ligne George Smith et l'ouvreur Adam Ashley Cooper.

[1] et [2] Toujours pour l'Australie, les Waratahs (Nouvelle-Galles du Sud) de Daniel Vickerman et Wendell Sailor ont fini troisièmes du Super 14 en 2006. [3] et [4] Nouvel arrivante, la Western Force termine dernière en 2006, à peine moins bien que les Queensland Reds de Chris Latham, qui se classent douzièmes.

[Page de gauche] Désigné joueur de l'année 2004 par l'International Rugby Board, le troisième ligne sud-africain Shalk Burger ne parvient pas à faire décoller les Stormers, franchise basée au Cap et abonnée au bas du classement. [1], [2], [3] et [4] Jonghi Nokwe, Ross Skeate et Benjamin Rayno défendent les Stormers.

1

2

3 [1], [2] et [3] Quatrièmes du Super 14 2006, les Bulls constituent la meilleure franchise sud-africaine du moment, notamment grâce à Wynand Olivier et aux nombreux essais inscrits par l'ailier Bryan Habana, la nouvelle vedette des Springboks.

[1] et [2] La franchise sud-africaine des Cats a fini treizième du Super 14 2006.
[3] Pour leur première saison, les Cheetas (Bloemfontein) ont pour leur part terminé à une honorable dixième place.
[4] Les Sharks (Durban) ont quant à eux fait bonne figure en terminant cinquièmes.

Vainqueurs de l'Angleterre à Twickenham à l'automne 2006, les Argentins peuvent laisser éclater leur joie.

« **R**echerche une place désespérément. » Cette petite annonce, les Argentins la passent depuis plusieurs années dans l'espoir d'intégrer le Tournoi des Six Nations ou le Tri Nations Series.

Les Pumas, surnom donné par erreur aux Argentins – dont l'emblème est le jaguar –, ont démontré aux pays de l'hémisphère Nord qu'ils avaient les qualités requises pour rejoindre le Tournoi. Ils ont en effet réalisé une superbe série de test-matches en Europe à l'automne 2006 (victoire en Italie et en Angleterre, défaite d'un petit point en France). Malgré son évidente capacité de rivaliser avec les meilleurs, l'équipe nationale argentine, refusée par les pays européens, n'a pas connu meilleur accueil dans le prestigieux tournoi de l'hémisphère Sud. Trois autres pays ont tenté en vain d'être cooptés par les organisateurs des Tri Series : les îles Fidji, les îles Samoa et les îles Tonga. En attendant, ces trois îlots du Pacifique Sud s'adonnent avec succès au rugby à sept ou se retrouvent dans une épreuve annuelle de niveau moindre, la « Pacific Five Nations », à laquelle participent aussi le Japon et les juniors néo-zélandais, lauréats en 2006.

Ce manque de reconnaissance est mal perçu, tant ces trois petits pays ont été dépouillés de leurs meilleurs joueurs, notamment par la Nouvelle-Zélande. Pour n'en citer que quelques-uns, les All Blacks Jonah Lomu et Isotola Maka sont Tonguiens d'origine, Joe Rokocoko vient des îles Fidji, Tana Umaga et Va'aiga Tuigamala des Samoa. Le Tonguien Toutai Kefu est pour sa part devenu

En mal de reconnaissance

l'un des meilleurs troisième ligne australiens, tout comme le fut Willy Ofahengaue dans les années 1990.

Ces trois nations régulièrement qualifiés pour les quarts de finale de la Coupe du monde attendent avec impatience le rendez-vous planétaire pour montrer toute l'étendue de leur talent, mais également pour faire admirer leurs rituels guerriers d'avant-match, proches du haka des Kiwis.

[1] et [2] Légende
du rugby argentin grâce
à la précision de son
jeu au pied, l'ouvreur
Hugo Porta a quasiment
à lui seul tenu en échec
les Français en 1977,
avant de battre
les Australiens
deux ans plus tard.
[3] La star argentine
du moment est
Juan Hernandez,
l'un des meilleurs
arrières au monde.

[1], [2], [3] et [4] Parmi les forces vives des Pumas, on trouve le pilier Rodrigo Roncero, le trois-quarts Manuel Contepomi, le troisième ligne Juan-Martin Fernandez Lobbe et le talonneur Mario Ledesma.

[1] et [3] Lors du match d'ouverture de la Coupe du monde 2003, l'Argentin Ignacio Corletto résiste au plaquage de l'Australien Wendell Sailor et conclut d'un essai un mouvement amorcé par le demi de mêlée des Pumas, Augustin Pichot. [2] L'ouvreur Federico Todeschini a connu pareille jouissance en marquant contre les Anglais lors d'une tournée à l'automne 2006.

3 [1], [2] et [page de droite] Imprévisibles et parfois fantasques, les Fidjiens s'appuient sur quelques valeurs sûres, comme le demi de mêlée des Saracens Moses Rauluni ou l'ailier d'Agen Rupeni Caucaunibuca. [3] Troisièmes du groupe B, celui de la France et de l'Écosse, lors du Mondial 2003, les Fidjiens Isaia Rasila et Koli Sewabu n'ont pu accéder aux quarts de finale.

[1] et [2] Si les îles Samoa ont à chaque fois été éliminées au premier tour en Coupe du monde, Va'aiga Tuigamala a quitté l'édition 1999 en battant les Gallois.
[3] Lome Fa'atau a offert une très belle résistance aux Anglais, futurs champions, lors de l'édition 2003.

[1], [2] et [3] En 2003, les Samoans ont démarré le Mondial par deux victoires, sur l'Uruguay – avec un essai de Tanner Vili – et la Géorgie, avant de finir sur une courte défaite contre l'Angleterre et un lourd échec face à l'Afrique du Sud (10-60).

1

2

[1] Avant de s'affronter lors de la Coupe du monde 2003, la Nouvelle-Zélande et les îles Tonga ont respectivement chanté et dansé le haka et le Sipi Tau.
[2] et [3] Si, en 1999, Isi Fatani et les siens ont réussi à battre l'Italie en poule, l'équipe emmenée par Viliami Vaki quatre ans plus tard ne connut que la défaite.

3

405

[CANADA, ÉTATS-UNIS, JAPON, ROUMANIE]

L'ouvreur américain Mike Herkus déborde son vis-à-vis japonais, et les États-Unis remportent leur unique victoire du Mondial 2003.

Il reste au rugby à réussir plusieurs percées avant de devenir universel. Dans de nombreux pays de la planète, en effet, le ballon ovale s'apparente encore à un ovni.

Pour faire face à ce phénomène et éviter des rencontres trop déséquilibrées, les instances internationales ont classé les sélections nationales en trois divisions. En deuxième division, derrière les dix nations majeures du rugby, on retrouve, outre les Fidji, les Samoa et les Tonga, la Roumanie, le Japon, le Canada et les États-Unis.

Les Roumains n'ont raté aucune phase de Coupe du monde, même s'ils n'y ont jamais brillé. Ce sport a pris à Bucarest au début du siècle, lorsque des étudiants venus séjourner à Paris ont tenté de reproduire le modèle du Stade Français. Mais la dictature de Ceausescu a ralenti l'essor du rugby au-delà des Carpates, et les meilleurs joueurs roumains, à l'image du pilier d'Agen Cezar Popescu, ont émigré. Les Canadiens, pour leur part, ont reçu le rugby en héritage de leurs ancêtres britan-

niques et français. La sélection nationale a participé à toutes les éditions de la Coupe du monde, et de nombreux internationaux canadiens évoluent en Europe, comme le deuxième ligne palois Mike Burak. Ils pratiquent un jeu essentiellement tourné vers le défi physique, à l'instar de leurs voisins Américains.

Prétendant malheureux à l'organisation du Mondial 2011, le Japon est un élève appliqué et tente d'accélérer son apprentissage en naturalisant d'anciens joueurs internationaux, notamment néo-zélandais, en fin de carrière.

Reste la troisième division, c'est-à-dire le reste du monde. Parmi les pays les plus férus de rugby, certains réussissent parfois

Les pays émergents

à se qualifier pour les Coupes du monde, mais s'y font étriller. Citons entre autres la Namibie, pays voisin de l'Afrique du Sud, la Géorgie, où évolue Grégoire Yachvili, le frère de Dimitri, le Maroc, dont l'essentiel des internationaux jouent dans l'Hexagone, ou encore l'Uruguay, inspiré par la réussite de l'Argentine.

[1], [2] et [3] S'ils ont réussi à passer cinq essais au Japon en 2003, les Américains sont surtout des adeptes du défi physique, exercice dont raffole leur première ligne Daniel Dorsey, Kirk Khasigian et Mike Mac Donald.

[1] Au Japon, le rugby connaît une notoriété sans cesse croissante. [2] L'ouvreur japonais d'origine néo-zélandaise Andrew Miller tente de mettre de l'ordre dans les lignes nipponnes. [3] et [page de droite] Les départs kamikazes de Yukio Motoki face aux Fidji lors du Mondial 2003 ou d'Ayamu Goromaru contre l'Irlande montrent qu'il reste beaucoup de travail.

[1], [2] et [3] Malgré quelques progrès constatés lors de la Coupe du monde 2003, le Canada, étrillé 61-26 par le pays de Galles à l'automne 2006, reste une proie facile pour les grandes nations du rugby.

[1], [2], [3] et [page de droite] Bien que qualifiée pour toutes les phases finales de Coupe du monde, la Roumanie n'en finit pas de voir son niveau décroître.

[1], [2] et [3] La Coupe du monde réserve quelques affiches de troisième division. En 2003, on a eu droit à une rencontre entre la Géorgie et l'Uruguay, remportée pour l'anecdote par les Sud-Américains.

[1], [2] et [3] Sympathique, mais très loin du haut niveau, la Namibie a encaissé 142 points contre l'Australie, 67 contre l'Irlande et 67 face à l'Argentine lors de la Coupe du monde 2003. L'addition est salée.

Décalages

[LA TROISIÈME MI-TEMPS]

L e règlement officiel parle de deux mi-temps de quarante minutes cha-cune. Il oublie d'évoquer la sacro-sainte troisième mi-temps, dont on ne sait jamais où et quand elle va se terminer. Ceux qui ont déjà enchaîné ces trois temps de jeu pourront en témoigner : la dernière n'est pas forcément la plus facile.

Pour les vainqueurs, cela commence géné-ralement dans le vestiaire avec l'une de ces chansons paillardes dont le répertoire du rugby regorge. Les rencontres de gala sont clôturées par un banquet. Élé-gamment parés d'un smoking, les joueurs y écoutent d'une oreille distraite les lancinants discours offi-ciels et préfèrent se concentrer sur leurs assiettes copieusement garnies et quelques bouteilles du meilleur cru, en attendant d'al-lumer un bon cigare en fin de repas. On est loin de l'hygiène de vie nécessaire à la pra-tique d'un sport de haut niveau. La densifi-cation du calendrier, générée par le profes-sionnalisme, tend à faire diminuer les excès d'après-match. Les plus malins ont trouvé le moyen de concilier l'inconciliable en opé-rant des coupes franches. Le troisième ligne Serge Betsen, par exemple, ne boit pas, ne fume pas, mais il n'oublie jamais de pous-ser la chansonnette et de quitter le dernier la piste de danse après l'avoir enflammée.

Car la troisième mi-temps est une tradition chère aux rugbymen, rarement pressés de se séparer après avoir souffert ensemble sur la pelouse. Certaines de ces fêtes ont marqué les esprits, et leurs récits accom-pagnent ceux d'inoubliables exploits spor-tifs. L'une d'entre elles remonte au 16 août 1958, après la première victoire de l'équipe de France sur le sol sud-africain, dans l'Ellis

Et la fête continue !

Park de Johannesburg. La légende rapporte que Lucien Mias, le capitaine tricolore, avait pris une « cuite » la veille pour cause de « cure à l'emporte-pièce » d'une forte sinusite. La victoire en poche, ce robuste deuxième ligne avait laissé échapper cette tirade qu'il ressortait comme un leitmotiv à la cantonade : « Et la fête continue ! »

[1] et [2] Lorsque le résultat est au rendez-vous, le vestiaire est un lieu propice aux félicitations.
[3] et [page de droite] Trente-sept ans séparent le Grand Chelem français en 1968 du titre de champion de Biarritz en 2005, mais les intentions restent les mêmes : la fatigue n'empêchera personne de festoyer jusqu'au bout de la nuit.

[Page de gauche] et [1 à 4] De Biarritz à Perpignan, en passant par la place du Capitole de Toulouse et certains bars parisiens, tous les prétextes sont bons pour se réunir en nombre autour d'un grand match.

[1], [3], [4] et [5] La fête consécutive au Grand Chelem 1968 s'est étirée du samedi soir à Cardiff à l'aube du lundi matin dans un quartier parisien surnommé « la Vallée de la soif ».
[2] Jacques Fouroux et le Gallois Gareth Edwards, impeccables, trinquent en 1974.
[6] Béziers danse pour fêter son titre national en 1972.
[7] Les Français du Grand Chelem 1987 chantent en chœur une fois le smoking enfilé.

[1], [2] et [3] Olivier Magne et Raphaël Ibañez, Frédéric Michalak et Clément Poitrenaud ou encore Pieter De Villiers et Sylvain Marconnet sont inséparables. [4] L'Irlandais Jerry Flanery répond aux sollicitations de ses supportrices.

[1 à 5] Les banquets d'après-match de l'équipe de France ou des grands clubs du Championnat ont le plus souvent pour cadre de majestueux et réputés hôtels-restaurants.

Pierre Albaladejo est « le » précurseur. Le demi d'ouverture charismatique de l'équipe de France et de l'US Dax dans les années 1960 est passé de l'autre côté du micro à peine les crampons raccrochés.

Albaladejo commença en 1968 sur Europe 1, puis poursuivit à la télévision en 1974 où, associé au regretté Roger Couderc, il devint le premier consultant sportif. Sa verve, la chaleur de son accent du Sud-Ouest et la qualité de ses éclairages techniques ont ouvert une nouvelle voie aux rugbymen.

Aujourd'hui, la foire médiatique s'est emparée du phénomène rugby, sous la pression des grands groupes de télévision, tel le bouquet BSkyB du magnat australo-américain Rupert Murdoch, qui détient les droits des grandes rencontres de l'hémisphère Sud et de l'Angleterre. En France, Canal + est l'unique diffuseur du Top 14, le Tournoi des Six Nations revenant aux chaînes du service public, qui voient leur audience doubler, voire tripler, durant cette période. Les organisateurs des compétitions profitent de cette exposition pour mettre leurs partenaires en évidence en utilisant le moindre espace libre.

Aux commentaires, Albaladejo a trouvé ses successeurs, tous d'anciens internationaux reconnus : Philippe Sella, Franck Mesnel, Fabien Galthié, Thierry Lacroix, pour ne citer qu'eux. Afin d'étoffer son dispositif pour le Mondial 2007, TF1 a même eu l'idée d'enrôler Fabien Barthez, qui a longtemps joué au rugby avant de devenir le gardien de buts de l'équipe de France de football.

Cette explosion médiatique déborde largement du cadre de la télévision. Difficile de ne pas tomber sur Bernard Laporte en train de faire la promotion d'une marque de jambon ou d'un paquet de pâtes. Les joueurs ne manquent pas non plus de se transformer en

Gueules de stars

hommes-sandwichs polyvalents : consoles de jeux vidéo, soins après rasage, vêtements, produits alimentaires... Tout est bon pour exploiter l'image volontaire et sympathique du rugby. Les moins frileux vont même jusqu'à se dénuder pour illustrer le désormais célèbre calendrier du Stade Français.

[1], [2] et [page de droite] Pionnier du commentaire à la télévision, Roger Couderc, associé au milieu des années 1970 à Pierre Albaladejo, était un membre à part entière de la famille de l'Ovalie, comme le montre sa complicité avec l'Aurillacois Victor Boffelli, en 1976, et avec le Bleu Jean Gachassin, en 1966.

[1], [2], [3] et [4] De nombreux internationaux en retraite ont pu rester proches du terrain grâce à un rôle de consultant pour les médias. Philippe Saint-André et Franck Mesnel ont suivi la voie tracée par Pierre Albaladejo.

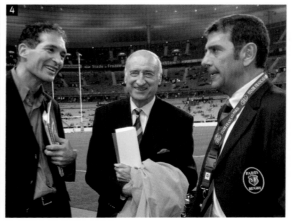

[1] et [3] Président de la Ligue nationale de rugby, Serge Blanco négocie le montant des droits de retransmission du Top 14 avec Éric Bayle, responsable du rugby à Canal +.
[2] Philippe Sella et Fabien Pelous, les deux Français les plus capés, sont très demandés.
[4] Thierry Lacroix, ici aux côtés de Pierre Salviac après le Grand Chelem 2004, est l'un des consultants les mieux cotés du moment.

[1] Costaud et « grande gueule », Vincent Moscato a séduit les médias. Après une expérience dans la téléréalité, l'ancien talonneur international anime désormais une émission de radio. [2] et [3] L'ancien trois-quarts du Stade Français Raphaël Poulain est pour sa part devenu comédien à la suite de nombreuses blessures, qui l'ont contraint à anticiper sa retraite sportive.

L'image virile et sympathique du rugby est appréciée de nombreux publicitaires, qui n'hésitent pas à mettre à l'affiche de nombreux joueurs, comme ici Damien Traille [1], Brian O'Driscoll [2] ou Vincent Clerc [3].

437

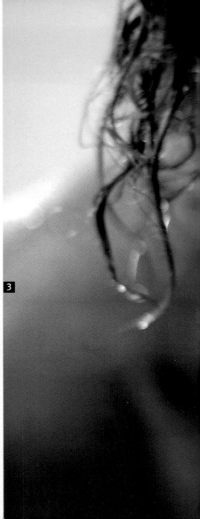

[1], [2] et [3] L'arrivée du professionnalisme a développé la dimension « people » des joueurs les plus connus. Il est de plus en plus fréquent de voir dans les magazines Frédéric Michalak en maillot de bain, Damien Traille exhiber sa musculature ou encore Aurélien Rougerie afficher son côté glamour.

[INSTANTANÉS]

Dans le feu de l'action, les défenseurs improvisent parfois des techniques originales qui conduisent le joueur plaqué à se trouver dans une posture pour le moins inconfortable.

I l est des situations que les mots ne suffisent pas à décrire. En pareilles circonstances, une bonne photo peut s'accompagner d'un silence. Si la capture est faite dans le bon tempo, le cliché parle de lui-même, raconte son histoire et hypnotise son observateur.

Témoins privilégiés, omniprésents au bord des terrains, les photographes spécialisés dans le sport sautent d'un avion à l'autre et sillonnent les stades du monde entier pour nous faire vivre ces instants à part, avec un œil souvent plus artistique qu'une caméra de télévision, plus attentive au mouvement et au direct.

On dit souvent que les paroles s'envolent et que les écrits restent. Mais quoi de plus fiable qu'une belle photo pour conférer à une fraction de seconde un caractère d'éternité ? Dans leur immense majorité, les rugbymen sont friands de ces instantanés qu'ils aiment pouvoir mettre sous cadre et bien en évidence dans leur intérieur ou, quand ils sont plus réservés, ranger dans des cartons pour feuilleter d'un air nostalgique l'album de souvenirs, une fois leur carrière terminée. De solides amitiés sont ainsi nées entre certains artistes du ballon ovale et de généreux photographes, rarement avares d'un tirage supplémentaire pour le remettre à celui qui s'est fait « shooter ».

Pour le simple spectateur, ces clichés permettent de saisir un instant qui lui avait échappé à vitesse réelle. Un mauvais geste dans un regroupement, une larme, un sourire, un mouvement d'humeur, une explosion de joie, un signe de détresse, une musculature déformée par l'effort, une

Pris sur le vif

prouesse technique. Les photographes indiscrets peuvent également nous emmener dans l'intimité d'un vestiaire, d'une réception privée où les joueurs laissent la pression s'évacuer.

Autant d'illustrations qui contribuent à refléter l'envoûtant visage du rugby et qui nous amène à dire à tous ces chasseurs d'images : merci !

[1], [2] et [3] Un coup de pied, une charge tête en avant, une caresse du mollet : tant que l'arbitre a le dos tourné, tous les moyens sont bons pour empêcher l'adversaire de progresser ou de se saisir du ballon !

[1], [2] et [3] La technique dite de « la crêpe retournée » ou de « l'autruche » consiste à renverser son adversaire pour essayer de lui planter la tête dans le sol. On ne se soucie du ballon qu'une fois la figure terminée.

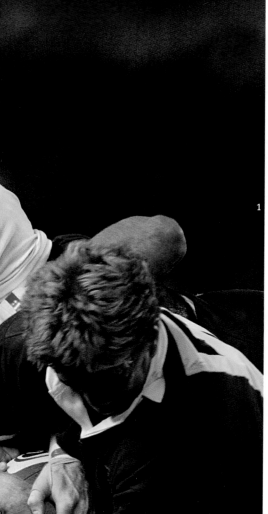

1

2

[1], [2] et [3] Au rugby, certaines actions sont parfois agrémentées de tendres caresses, comme la morsure, l'étranglement ou la manchette.

3

[Page de gauche], [1], [2] et [3] Un florilège de quelques « gueules cassées » devenues des légendes de leur sport : le Gallois Thomas Gareth, l'Écossais Peter Brown et le Français Walter Spanghero, l'emblématique capitaine des Bleus Jacques Fouroux ou encore le combattant Robert Paparemborde.

[1], [2], [3] et [page de droite] Rendu glissant comme une savonnette par la pluie, devenu incontrôlable à la suite d'une mauvaise passe ou reparti d'où il vient après un rebond capricieux, le ballon ovale est parfois insaisissable. Dans l'improvisation, l'appuyer contre sa tête est un moyen comme un autre de le maîtriser.

1 **2**

3

[Page de gauche] Ceux qui se conduisent le mieux patientent jusqu'à la fin du match pour le traditionnel échange des maillots, même si cela n'est pas toujours simple. [1], [2] et [3] D'autres, incapables d'attendre le retour au vestiaire, amorcent un strip-tease ou déshabillent leurs adversaires en plein match.

1 2

3

[1] et [2] Les publics farceurs aiment lâcher un animal sur la pelouse en plein match pour mettre de l'ambiance. [3] Devinette : l'une de ces deux paires de cuisses appartient à Jonah Lomu. Laquelle ? [Page de droite] À force de cogiter pour trouver la réponse, ces deux Écossais vont finir par bouillir !

[1], [2] et [3] Ce qui est formidable au rugby, c'est que tout est possible. On peut ceinturer l'arbitre, se faire plaquer par un supporter ou se déchausser avant de marquer un essai. Mais mieux vaut ne rien essayer de tout cela.

Palmarès

Coupe du monde

1987 Nouvelle-Zélande
1991 Australie
1995 Afrique du Sud
1999 Australie
2003 Angleterre

Tournoi

(des Cinq puis des Six Nations)

1910 Angleterre
1911 Pays de Galles (Grand Chelem)
1912 Angleterre et Irlande
1913 Angleterre (Grand Chelem)
1914 Angleterre (Grande Chelem)
1915-1919 : pas de Tournoi pour cause de Première Guerre mondiale
1920 Angleterre, Écosse et pays de Galles
1921 Angleterre (Grand Chelem)
1922 Pays de Galles
1923 Angleterre (Grand Chelem)
1924 Angleterre (Grand Chelem)
1925 Écosse (Grand Chelem)
1926 Irlande et Écosse
1927 Irlande et Écosse
1928 Angleterre (Grand Chelem)
1929 Écosse

1930 Angleterre
1931 Pays de Galles
1932-1946 : exclusion de la France puis Seconde Guerre mondiale
1947 Pays de Galles et Angleterre
1948 Irlande (Grand Chelem)
1949 Irlande
1950 Pays de Galles (Grand Chelem)
1951 Irlande
1952 Pays de Galles (Grand Chelem)
1953 Angleterre
1954 France, Angleterre et pays de Galles
1955 France et pays de Galles
1956 Pays de Galles
1957 Angleterre (Grand Chelem)
1958 Angleterre
1959 France
1960 France et Angleterre
1961 France
1962 France
1963 Angleterre
1964 Écosse et pays de Galles
1965 Pays de Galles
1966 Pays de Galles
1967 France
1968 France (Grand Chelem)
1969 Pays de Galles
1970 France et pays de Galles
1971 Pays de Galles (Grand Chelem)
1972 Tournoi inachevé en raison du conflit nord-irlandais
1973 Les cinq équipes à égalité

1974 Irlande
1975 Pays de Galles
1976 Pays de Galles (Grand Chelem)
1977 France (Grand Chelem)
1978 Pays de Galles (Grand Chelem)
1979 Pays de Galles
1980 Angleterre (Grand Chelem)
1981 France (Grand Chelem)
1982 Irlande
1983 France et Irlande
1984 Écosse (Grand Chelem)
1985 Irlande
1986 France et Écosse
1987 France (Grand Chelem)
1988 France et pays de Galles
1989 France
1990 Écosse (Grand Chelem)
1991 Angleterre (Grand Chelem)
1992 Angleterre (Grand Chelem)
1993 France
1994 Pays de Galles
1995 Angleterre (Grand Chelem)
1996 Angleterre
1997 France (Grand Chelem)
1998 France (Grand Chelem)
1999 Écosse
2000 Angleterre
2001 Angleterre
2002 France (Grand Chelem)
2003 Angleterre (Grand Chelem)
2004 France (Grand Chelem)
2005 Pays de Galles (Grand Chelem)
2006 France

Coupe d'Europe

1996 Stade Toulousain
1997 CA Brive
1998 Bath (Angleterre)
1999 Ulster (Irlande du Nord)
2000 Northampton (Angleterre)
2001 Leicester (Angleterre)
2002 Leicester (Angleterre)
2003 Stade Toulousain
2004 London Wasps (Angleterre)
2005 Stade Toulousain
2006 Munster (Eire)

Championnat de France

1892 Racing Club de France
1893 Racing club de France
1894 Stade Français
1895 Stade Français
1896 Olympique de Paris
1897 Stade Français
1898 Racing Club de France
1899 Stade Bordelais
1900 Racing Club de France
1901 Stade Français
1902 Racing Club de France
1903 Stade Français
1904 Stade Bordelais
1905 Stade Bordelais
1906 Stade Bordelais
1907 Stade Bordelais
1908 Stade Français
1909 Stade Bordelais

1910 FC Lyon
1911 Stade Bordelais
1912 Stade Toulousain
1913 Aviron Bayonnais
1914 USA Perpignan
1915-1919 Pas de Championnat pour cause de Première Guerre mondiale
1920 Stadoceste Tarbais
1921 USA Perpignan
1922 Stade Toulousain
1923 Stade Toulousain
1924 Stade Toulousain
1925 USA Perpignan
1926 Stade Toulousain
1927 Stade Toulousain
1928 Section Paloise
1929 US Quillan
1930 SU Agen
1931 RC Toulon
1932 Lyon OU
1933 Lyon OU
1934 Aviron Bayonnais
1935 Biarritz Olympique
1936 RC Narbonne
1937 CS Vienne
1938 USA Perpignan
1939 Biarritz Olympique
1940-1942 Pas de Championnat pour cause de Seconde Guerre mondiale
1943 Aviron Bayonnais
1944 USA Perpignan
1945 SU Agen
1946 Section Paloise
1947 Stade Toulousain
1948 FC Lourdes
1949 Castres Olympique
1950 Castres Olympique
1951 US Carmaux
1952 FC Lourdes

1953 FC Lourdes
1954 FC Grenoble
1955 USA Perpignan
1956 FC Lourdes
1957 FC Lourdes
1958 FC Lourdes
1959 Racing Club de France
1960 FC Lourdes
1961 AS Béziers
1962 SU Agen
1963 Stade Montois
1964 Section Paloise
1965 SU Agen
1966 SU Agen
1967 US Montauban
1968 FC Lourdes
1969 Bègles-Bordeaux
1970 La Voulte
1971 AS Béziers
1972 AS Béziers
1973 Stadoceste Tarbais
1974 AS Béziers
1975 AS Béziers
1976 SU Agen
1977 AS Béziers
1978 AS Béziers
1979 RC Narbonne
1980 AS Béziers
1981 AS Béziers
1982 SU Agen
1983 AS Béziers
1984 AS Béziers
1985 Stade Toulousain
1986 AS Béziers
1987 RC Toulon
1988 SU Agen
1989 Stade Toulousain
1990 Racing Club de France
1991 Bègles-Bordeaux
1992 RC Toulon
1993 Castres Olympique

1994 Stade Toulousain
1995 Stade Toulousain
1996 Stade Toulousain
1997 Stade Toulousain
1998 Stade Français
1999 Stade Toulousain
2000 Stade Français
2001 Stade Toulousain
2002 Biarritz Olympique
2003 Stade Français
2004 Stade Français
2005 Biarritz Olympique
2006 Biarritz Olympique

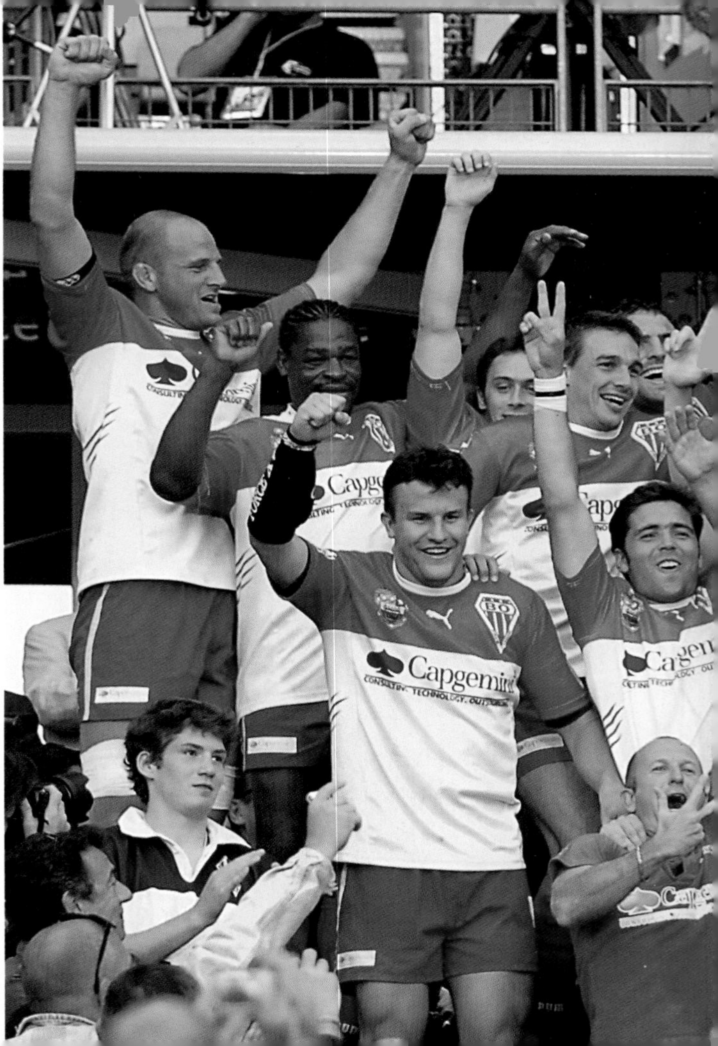

Vainqueurs de Toulouse au Stade de France le 10 juin 2006 en finale du Top 14, les joueurs du Biarritz Olympique conservent le bouclier de Brennus et laissent éclater leur joie.

Index

CRÉDITS PHOTOGRAPHIQUES

Toutes les photographies de cet ouvrage proviennent
de la collection Presse-Sports/*L'Équipe*,
sauf l'image principale de la couverture, qui est
de l'agence Flash Press (Jean-Marie Hervio).

Dans la collection 1 001 photos :
Le Football
Les Chevaux
Les Bébés animaux
Les Chiens
Les Chats
Les Avions
Les Trains
Les Voitures de rêve
La France des villages
Les Merveilles du monde
L'Égypte
Les Animaux de la ferme
Les Fleurs

Achevé d'imprimer en août 2007
Imprimé en Espagne

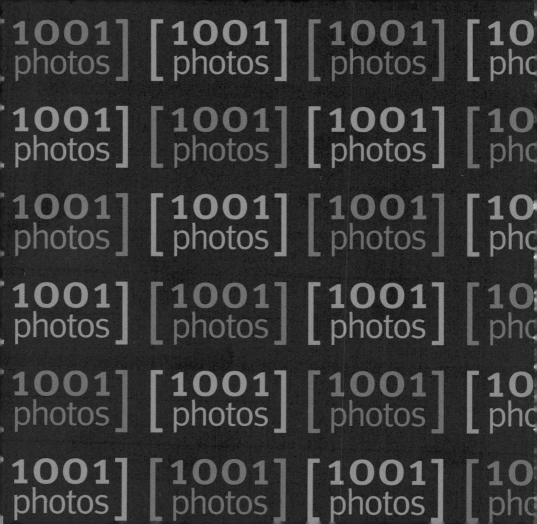